THE WORKS OF STEPHEN HAWES

The Works of
Stephen Hawes

Facsimile Reproductions
with an Introduction
By Frank J. Spang

Scholars' Facsimiles & Reprints
Delmar, New York, 1975

Published by
Scholars' Facsimiles & Reprints, Inc.
Delmar, New York 12054

© 1975 Scholars' Facsimiles & Reprints, Inc.
All rights reserved
Printed in the United States of America

Library of Congress Cataloging in Publication Data

Hawes, Stephen, d. 1523.
The Works of Stephen Hawes.

Reprint of 5 works, all published by Wynkyn de Worde, London:
The pastime of pleasure, 1517; The example of virtue, 1510; The
comfort of lovers, 1510?; The conversion of swearers, 1509; and, A
joyful meditation of the coronation of King Henry the Eighth, 1509.
I. Title.
PR2290.A1 1975   821'.2   75-14304
ISBN 0-8201-1148-1

PR2290
A1
1975

CONTENTS

INTRODUCTION

Despite a fair amount of acclaim in his own time, posterity and critical opinion have not been kind to Stephen Hawes (d. 1523?). His name and a number of his poems have survived but neither seems to have been enhanced by time. One of his love allegories, *The Pastime of Pleasure,* has often been cited as a probable influence on Spenser's *Faerie Queene.* In itself, however, it has been faulted as a basically tedious poem with a few memorable lines and its popularity in the first half of the sixteenth century attributed to a reading public weaned on bad verse. More recently, Hawes has been seen as the last notable practitioner of the medieval poetic genre which involved the allegorical treatment of love in a highly stylized way. This view has the tradition beginning in France with *The Romance of the Rose,* being translated and developed in England by Chaucer, and reaching a dead end by the early sixteenth century when Hawes finally falls heir to the tradition. By this time, according to this view, it is a thoroughly burnt out poetic tradition having been labored over by a hundred years of poets with neither talent nor vision. It is unfortunate that Hawes's poetry appears at the time that it does because it almost inevitably must be seen as the sort of bad poetry which the Renaissance was to sweep away. If Hawes's poetry is taken within the context of the poetic tradition of the earlier century it appears far more successful than when compared with what followed after.

Whatever Hawes's reputation has been, it has been based on one poem, *The Pastime of Pleasure*, which in his time and in ours has been his most frequently reprinted and discussed poem. It went through at least five editions between 1510 and 1555 and has a modern edition by W.E. Mead in the Early English Text Society series. Because of its position at the beginning of the sixteenth century, it is often mentioned in studies of the period and included in anthologies as typical of the poetry of the period.

However, the Hawes canon runs to more than just this one poem and places him as a poet who should be of more than passing interest. In addition to *The Pastime of Pleasure,* four poems which are clearly by Stephen Hawes have survived. These are two somewhat shorter love allegories, *The Comfort of Lovers* and *The Example of Virtue* as well as a coronation poem for Henry VIII called *A Joyful Meditation of the Coronation of Henry the Eyght,* and an attack of blasphemy in royal courts entitled *The Conversion of Swearers.* None of these works has had anything but marginal attention, and *The Comfort of Lovers,* which survives in only one copy, has been totally unavailable in any form.

It is through these works that Stephen Hawes must be known. The details of his biography are unclear at this time. Even his birth and death dates are uncertain and speculative and most of the biographical information which tradition ascribes to him are unverifiable and highly questionable. Tradition marks him as an Oxford man but University records which mention him have not been found. Many scholars have ascribed a lost play to him but no record can now be found of a play by Stephen Hawes. In a certain sense he fills exactly the stereotype of the anonymous medieval poet who seeks more to enlighten and teach the reader than to enhance his own fame. Despite the fact that he continually denigrates his own poetic ability (a common literary topic used by Chaucer and the other masters whom Hawes follows), his anonymity seems to be due more to bad luck than to design. Hawes appears to allude frequently to himself in his poetry in ways which do not suggest that he is building a literary persona in the way that Chaucer did. Hawes is far too serious about himself and about the intellectual and political world that he faces to employ Chaucer's ironic mask. Hawes's allusions to himself and his position at court ring too close to what must have been his position to be in jest. Discovering autobiography in the literature of the past is a risky task but with Hawes it may be less risky

than with most because the object of this search is not
autobiographical detail but indications of his place in the
intellectual and political milieu of his time. Like Dante,
Hawes's concern with public events is manifested in his
poetry in a personal way. His position in the court and in
the crosscurrents of intellectual change in England seems
to be an interesting and unusual one.

The most interesting bit of biographical information
which can be gleaned from his poetry is his frequent
assertion that he was,"Sometime grome of the homourable
chambre of our late souerayne lord Kynge Henry the
seuenth"' Since nothing has been discovered which would
cast light on exactly what this position meant, it would be
assumed that this could be a device to sell books. Hawes,
however, takes this more seriously. From other allusions in
the texts of his poems, Hawes feels a strong personal
relationship with the Tudors. His association with the elder
Tudor and his dedication to the historical rightness and
essential fitness of Tudor rule in England contrast sharply
with his inability to gain any satisfactory preferment with
Henry VIII. Despite his rather fulsome praise of Henry
VIII in his *Joyful Meditation,* Hawes ceases to be a
publishing poet within two years of the death of Henry
VII. His poems continue to be reprinted suggesting a
degree of popularity, but he seems to have produced
nothing new.

All of Hawes's surviving works were first printed in a
two-year period closely following the death of Henry VII.
All were initially printed by Wynkyn de Worde in the years
1509 and 1510. De Worde was heir both to Caxton's press
at Westminister and to the patronage of Margaret Beaufort,
mother of Henry VII and sponsor of learning as well as the
still-new art of printing. In the printer's statement at the
end of *The Conversation of Swearers,* de Worde claims to
be, "Prynter vnto the moost excellent prynses, my lady
the kynges graundame." This redoubtable lady was a
considerable force in the Court of Henry VII. In *The
Example of Virtue,* after he has finished his allegory,

Hawes invokes God to protect, "Henry our ryghtfull kynge." He continues his praise of the Tudors by speculating on the joy in his mother's heart when Henry Tudor ascended to the throne:

> O lorde god what Joye was this
> Unto his moder so good and gracyous
> Whan that she sawe her sone I wys
> Of his ennemys to be so vyctroyous
> It caused her to be moost Joyous
> And yet there of no wonder why
> For he was ryght longe from her truely.

Hawes elaborates on this theme for three more stanzas in terms so hyperbolic as to suggest the relationship between Christ and the Virgin. The tenor of the praise indicates that Hawes's relationship may have been a close association with the Tudor family rather than with the monarchs themselves. The fact that Margaret Beaufort had significant influence over the conduct of Henry VII's court makes plausible the seeming inappropriateness of Hawes's elaborate defense of the famous "thrift" of Henry VII in the middle of his coronation ode for Henry VIII. It is interesting to note that Hawes's defense is based on private knowledge that Henry VII was accumulating money with the aspiration of freeing the Holy Land from Turkish rule. The tone of *The Conversion of Swearers* with its denunciation of blasphemy in royal courts also suggests that Hawes was associated with the domestic circle rather than with the social or political circles around the king.
Perhaps the most notable preoccupation of the Tudor household (other than saving money) was the education of a future king. Henry VII was forced by circumstances to educate first Arthur and then, upon his brother's death, Henry to be king of England. On one level all of Hawes's love allegories are about the education of rulers. *The Pastime of Pleasure* contains a rather detailed formula for this process. La Graunde Amoure, the central

figure of the poem, does become a king after going through instruction by the seven liberal arts. In *The Comfort of Lovers*, the hero is presented with a flower, a shield, and a sword; each of which is carefully labeled as royal.

Hawes's concern with the education of a king not only links him with the concerns of the Tudor family but places him in opposition to the representatives of the "New Learning" who were also pedagogues at heart and interested in the education of kings but in a totally different way than Hawes was. This may be part of the reason for Hawes's lack of success in attaining any real degree of influence during the period. Hawes's educational system is characteristically medieval and in oppostion to many of the new ideas. The early sixteenth century was a period of change both politically and intellectually. Hawes's identification with the past rather than the future in the terms of both could not serve him well. The new ideas were not really so new but the perception of them at that time was that they were. Like John Skelton he was largely out of step with the times, but unlike Skelton he had neither position in the church nor a strong satiric bent to carry him through. While Skelton appears to mount a radical attack on the immorality of the new ideas, Hawes appears to be merely old-fashioned. Even though Hawes himself seems to have been the subject of Skelton's furious satire both often take the role of embattled defenders of orthodoxy.

Though change was in the wind in the early sixteenth century, the Renaissance and the new learning do not come upon England and English literarure like a thunderbolt. Chaucer had used and modified Petrach's material but now medieval patterns and forms were beginning to yield to new ones which we see as characteristic of the Renaissance. English poets were starting again to look to the Continent for models in French and Italian poetry and to classical antiquity for theories to support this literature. This is most notable in terms of genre. At this time many of the characteristically medieval and English types of poetry became extinct. At the same time experimentation began on new types of metrical frameworks for these borrowed genres. These changes, however, are not evident in Hawes's poetry. Hawes continued to write love allegories and continually declared his indebtedness to Chaucer, Gower, and Lydgate, the three great worthies of earlier English poetry. Of these three, it is obviously John Lydgate, Monk of Bury, who is most important to Hawes. His devotion to Lydgate personally as well as to Lydgate's type of poetic craft is acknowledged over and over again in his poems. Each long poem is literally framed by Hawes's assertion of Lydgate's superiority as a poet. Characteristically, the last stanza of the prologue to *The Example of Virtue* reads,

> O prudent Gower in langage pure
> Without corrupcyon moost facundyous
> O noble Chauser euer moost sure
> Of frutfull sentence ryght delycyous
> O vertuous Lydgat moche sentencyous
> Unto you all I do me excuse
> Though I your connynge do now use.

and the prologue to *The Comfort of Lovers,*

> Fyrst noble Gower / moralytees dyde endyte
> And after hym Chaucers / grete bokes delectable
> Lyke a good phylosophre / meruaylously dyde wryte
> After them Lydgate / the monke commendable
> Made many wonderfull bokes moche profytable

Hawes's admiration and emulation of Lydgate places him nearly as the end of a group of mainly fifteenth-century poets who are generally labled the Chaucerians. This group included Thomas Hoccleve, Robert Henryson, James I of Scotland, and William Dunbar as well as most of the poets who wrote in the century immediately following the death of Chaucer. Of this group, it is the Scotsman, Dunbar, who is often considered the best poet. The Chaucerians saw themselves heirs to the immensely successful and popular poetry of Chaucer. Modern critics have tended to see them as sterile imitators of Chaucer's least comprehensible poetry. It is important to remember that, for the most part, the Chaucer that we admire is not the one which was most admired in the fifteenth and sixteenth centuries. Modern readers of Chaucer tend to focus on the poetry which appears to be psychological while neglecting that which is moral. In terms of his own times, Chaucer's best poetry was his love allegories. These were his most frequently praised and imitated works. The fact that modern readers do not especially care for this sort of poetry is not particularly germane to the question of quality. Lydgate, Hawes, and the other Chaucerians were genuinely popular serious poets who dealt with moral and ethical norms in a form which has its own merits. The major elements in this form are its development of allegory and its use of a particular poetic diction.

Hawes's plots are straightforward allegorical lessons where a character moves through a series of clearly defined situations which are designed to teach him right conduct. In a sense Hawes's plots bear a strong similarity to those of morality plays. The lessons that his heroes receive are always clear to the reader as well as to the hero even though he may diverge from the straight and narrow as Graunde Amoure does in *The Pastime of Pleasure* when he falls in with Godfrey Gobylyve. Unlike Chaucerian allegory, Chaucerian poetic diction is obscure. These poets used what they called rhetoric in order to mask meaning and produce poetic effects. This effect has been called aureation but might be better seen as an elaborate poetic diction much like that which the eighteenth century derived from Milton. The language of poetry is never the same as that of everyday speech. At various times the distance between the two is a great one. In the fifteenth century the distance is great for a number of reasons. It is a fact that the English language changed markedly in a short period following the death of Chaucer. Vowel values changed and the stock of grammatical inflections was reduced, making it difficult to use Chaucer's metrics and diction in a "natural" way. The Chaucerian poets derived a formalized poetic diction which was based on Chaucer's. Made up of a combination of ink-horn terms and elaborate circumlocutions, Chaucerian diction fulfills one of the main precepts of medieval aesthetics. Chaucerian diction obscures meaning in order to give the reader an opportunity to exert his intelligence in a positive act in order to understand the essential meaning of the poem and thus to reap the pleasure of having solved a complex problem. In *The Pastime of Pleasure* Hawes states,

> The Lyght of trouthe / I lacke connynge to cloke
> To drawe a curtayne / I dare not presume
> Nor hyde my matter / with a mysty smoke
> My rudeness connynge / doth so sore consume
> Yet as I maye / vnderneth a fable
> By conuert colour / well and probable

In the first stanza of *The Comfort of Lovers*, he picks up on this theme and blends it with the love allegory tradition,

> The gentyl poets / vnder cloudy fygures
> Do couche a treuth / and cloke it subtylly
> Harde is to construe poetycall scryptures
> They are so fayned / & made sentencyausly
> For some do wryte of loue by fables pryue
> Some do endyte / vpon good moralyte
> Of chyvalrous actes / done in antyguyte

Thus the subject matter of Hawes's love allegory is the chivalric acts of long ago and the manner of presentation is through the use of rhetorical devices ("cloudy fygures" or "couert colour") in order to create "poetycall scryptures." These "poetycall scryptures" are actually moral and ethical messages which are congruent to those available in Holy Scripture and which are subject to the same kinds of interpretation when they are obscure.

It is notable that Graunde Amoure, the hero of *The Pastime of Pleasure,* receives his formal education in the Tower of Doctrine and the largest section describing his education is devoted to the instruction given by the personification of rhetoric. In sum total, the education that he gets is that which was thought neccessary to interpret scripture. The relationship between scripture and literature is one which was seen frequently in the Middle Ages. The main difference between the two is that the literary one is built on the sacred one and must not contradict it. Dante's Letter to *Can Grande Della Scala* provides an ideal tool for explicating poetry such as Hawes's.

The messages of Hawes's allegories are, for the most part medieval commonplaces such as the variabilty of fortune, the neccessity of good works, and the value of humility. One unusual point in his allegories is his focus on the sin of sloth. *The Pastime of Pleasure* seems to be devoted to this. On the surface, it appears strange that a rather long work of an elevated nature should be devoted to avoiding a vice which might be construed as a minor sin. If, however, the opposite of sloth – Christian industry – is considered, Hawes's purpose is clear. Christian industry, from Hawes's prospective, is an important virtue in a king who is responsible for the well-being of his people. The relationship between the educational theme and the vice of sloth is clear. Hawes is not talking about mindless activity when he deals with the avoidance of sloth but with the absolute necessity that a ruler avoid the indolence which leads to misrule. Hawes never mentions this corollary virtue to the vice of sloth in *The Pastime of Pleasure* but it becomes clear from the education and adventures of the hero that this is the essential meaning of the poem. Hawes's treatment of blasphemy in royal courts in *The Conversation of Swearers* displays the same concern with the responsibilities of rulers.

Hawes's poems are always in some sense political in that they deal, either in the text or in prologues and epilogues, with the responsibilities of rulers and ruled. Hawes responds to the typical English concern with misrule which grew out of the political chaos of the Wars of the Roses. In this way he is typical of many other Tudor apologists even though the use of the love allegory framework is atypical.

Notes on the Texts Reproduced

This collection would not have been possible without the kind permission and cooperation of the boards of trustees and staffs of The Pierpont Morgan Library (for *The Pastime of Pleasure*), The Magdalene College Library (for *The Example of Virtue*). The British Library (for *The Comfort of Lovers*), The Henry E. Huntington Library (for *The Conversion of Swearers*), and The University of Cambridge Library (for *A Joyful Meditation of the Coronation of King Henry the Eight*).

The Pastime of Pleasure is reproduced in its earliest complete form. The 1509 edition, preserved in The British Library, is substantially the same, but is missing the first twenty-four pages. Both were printed by Wynkyn de Worde and contain the same woodcuts. The 1517 edition is in good shape, with the only real problem occurring in the occasional illegibility of a letter or two to the right of the gutter in some lines.

The Example of Virtue is reproduced from the earliest surviving copy of the poem. It is in remarkably good shape and provides no problems of legibility or completeness.

The Comfort of Lovers is reproduced from the only surviving copy of the poem. The existence of the poem itself was unknown until recently. It was not included in the *Short Title Catalogue*. The upper left-hand corners of two pages toward the end of the poem have been torn (pp. 349 and 351 in this volume), otherwise the text is in good condition.

The Conversion of Swearers exists in two editions. The one reproduced here is mainly the 1509 edition printed by Wynkyn de Worde. However, the first page is reproduced from the 1530 edition printed by J. Butler.

A Joyful Meditation of the Coronation survives only in

one copy which has been shaved, rendering some lines illegible, while others are missing altogether. Pages 372 and 377 are missing lines lines at the bottom, while 372, 373, 375, and 376 have partial lines at the bottom.

Frank J. Spang

Elmira, New York

¶Here begynneth the passe ty=
me of pleasure.

Pleasure.   A.ii.

⸠This boke called ȳ pastyme of pleasure was made
and compyled by Stephen hawes one of the gromes
of the most honorable chambre of our souerayne lorde
kynge Henry the seueth.The.xxi.yere of his most no=
ble reygne/chapptted,and marked after the table here
before sitte. ❧⸨⸨⸨⸨⸩⸩⸩⸩⸨⸨⸨⸩⸩⸩⸨⸨⸨⸩⸩⸩❧

Ryght myghty prynce / & redoubted souerayne
Saplynge forthe well/in the shyppe of grace
Ouer the wawes/of this lyfe vncertayne
Ryght towarde heuen/to haue dwellynge place
Grace dothe you guyde/in euery doubtfull cace

your gouernaunce/dothe euermore eschewe
The synne of slouthe/enemy to vertewe

Grace stereth well/the grace of god is grete
Whiche you hathe brought/to your ryall se
And in your ryght/it hath you surely lette
Aboue vs all/to haue the soueraynte
Whose worthy power/and regall dygnyte
All our rancour/and our debate and ceace
Hath to vs brought/bothe welthe reste and peace

Frome whome dyscendeth/by the ryghtfull lyne
Noble pryuce Henry/to succede the crowne
That in his youthe/dothe so clerely shyne
In euery vertu/castynge the vyce adowne
He shall of fame/attayne the hye renowne
No doubte but grace/shall hym well enclose
Whiche by trewe ryght/sprange of the reed rose

Your noble grace/and excellent hyenes
For to accepte/I beseche ryght humbly
This lytell boke/opprest with rudenes
Without rethorycke/or colour crafty
Nothynge I am/experte in poetry
As the monke of Bury/floure of eloquence
Whiche was in tyme/of grete excellence

Of your predecessour/the.v.kynge henry
Unto whose grace/he dyde present
Ryght famous bokes/of parfyte memory
Of his faynynge with termes eloquent
Whose fatall specyons/are yet permanent
Grounded on reason/with clowdy fygures
       Pleasure.   B.iii.

He cloked the trouthe/of all his scryptures

The lyght of trouthe/I lacke connynge to cloke
To drawe a curtayne/I dare not to presume
Nor hyde my mater/with a mysty smoke
My rudenes connynge/dothe so sore cōsume
Yet as I maye/I shall blowe out a fume
To hyde my mynde/vnderneth a fable
By conuert colour/well and probable

Besechynge your grace/to pardon myne ignoraunce
Whiche this fayned fable/to eschewe ydlenesse
Haue so compyled/now without doubtaunce
For to present/to your hye worthynesse
To folowe the trace/and all the parfytenesse
Of my mayster Lydgate/with due exercyse
Suche fayned tales/I do fynde and deuyse

For vnder a colour/a truthe maye aryse
As was the guyse/in olde antyquyte
Of the poetes olde/a tale to surmyse
To cloke the trouthe/of theyr infyrmyte
Or yet on Jope/to haue moralyte
I me excuse/yf by neclygence
That I do offende/for lacke of scyence

℞How graunde Amoure walked in a medowe ⁊ met
with fame enuyronned with tongues offyre.ca.   i.

Whan Phebus entred was / in Gemyny
Shynynge aboue / in his fayre golden spere
And horned Dyane / than but one degre
Pleasure.   A.iiii.

In the Crabbe hadde entred/fayꝛe and clere
Whan that Auroꝛa/dyde well appere
In the depured ayꝛe/and cruddy fyꝛmament
Foꝛthe than I walked/without impedyment

In to a medowe/bothe gaye and gloꝛyous
Whiche Floꝛa depaynted with many a colour
Lyke a place of pleasure/most solacyous
Encensynge out/the aromatyke odoure
Of zepherus bꝛethe/whiche that euery stoure
Throughe his fume/doth . alwaye engendꝛe
So as I went/amonge the floures tendꝛe

By sodayne chaunce/a fayꝛe pathe I founde
On whiche I loked/and ryght ofte I mused
And than all aboute/I behelde the grounde
With the fayꝛe pathe/whiche I sawe so vsed
My chaunce oꝛ foꝛtune/I nothynge refused
But in the pathe/foꝛthe I went a pace
To knowe whyther/and vnto what place

It wolde me bꝛynge/by ony symplytude
So foꝛthe I wente/were it ryght oꝛ wꝛonge
Tyll that I sawe/of ryall pulcrytude
Befoꝛe my face/an ymage fayꝛe and stronge
With two fayꝛe handes/stretched out alonge
Vnto two hye wayes/there in pertpcyon
And in the ryght hande/was this dyscrypcyon

This is the streyght waye/of contemplacyon
Vnto the Joyfull toure pedurable
Who that wyll walke/vnto that mancyon
He must foꝛsake/all thynges varyable
With the vayne gloꝛy/so moche deceyuable

And though the waye/be harde and daungerous
The laste ende therof/shall be ryght precyous

And in the other hande/ryght fayre wryten was
This is the waye/of worldly dygnyte
Of the actyfe lyfe/who wyll in it passe
Unto the toure/of fayre dame beaute
Fame shall tell hym/of the waye in certaynte
Unto labell pucell/the fayre lady excellent
Aboue all other/in clere beaute splendent

I behelde ryght well/bothe the wayes twayne
And mused oft/whiche was best to take
The one was sharpe/the other was more playne
And vnto my selfe/I began to make
A sodayne argument/for I myght not slake
Of my grete musynge/of this ryall ymage
And of these two wayes/somoche in vsage

For this goodly pycture/was in altytude
Nyne fote and more/of fayre marble stone
Ryght well fauoured/and of grete fortytude
Thoughe it were made/full many yeres agone
Thus stode I musynge/my selfe all alone
By ryght longe tyme/but at the last I went
The actyfe waye/with all my hole entent

Thus all alone/I began to trauayle
Forthe on my waye/by longe contynuaunce
But often tymes/I hadde grete meruayle
Of the bypathes/so full of pleasaunce
Whiche for to take/I hadde grete doubtaunce
But euermore/as nere as I myght
I toke the wayr/whiche went before me ryght

And at the laſt/whan Phebus in the weſt
Gan to auayle/with all his beames mery
Whan clere Dyana/in the fayre southeſt
Gan for to ryſe/lyghtynge our emyſpery
With cloudes clere/without the ſtormy pery
Me thought a fer/I hadde a vyſyon
Of a pycture/of meruoylous facyon

To whiche I went/without lenger delaye
Beholdynge well/the ryght fayre purtrapture
Made of fyne copre/ſhynynge fayre and gaye
Full well truely/accordynge to meſure
And as I thought.ix.fote of ſtature
Yet in the breſte/with lettres fayre ande blewe
Was wryten/a ſentence olde and trewe

This is the waye/and the ſytuacyon
Unto the toure/of famous doctryne
Who that wyll lerne/muſt be ruled by reaſon
And with all his dylygence/he muſt enclyne
Slouthe to eſchewe/and for to determyne
And ſet his hert/to be intellygyble
To a wyllynge herte/is nought Impoſſyble

Beſyde the ymage/I adowne me ſette
After my laboure/myſelfe to repoſe
Tyll at the laſt/with a gaſppynge nette
Slouthe my heed caught/with his hole purpoſe
It vayled not/the body for to dyſpoſe
Agaynſt the heed/whan it is applyed
The heed muſt rule/it can not be denyed

Thus as I ſatte/in a deedly ſlombre
Of a grete horne/I herde a ryall blaſt
With whiche I awoke/and hadde a grete wondre

From whens it came/it made me sore agast
I loked aboute/the nyght was well nere paste
And fayre golden Phebus/in the morowe graye
With cloude reed began/to breke the daye

I sawe come rydynge/in a valaye ferre
A goodly lady/enuyronned aboute
With tongues of fyre/as bryght as ony sterre
That fyry flambes/ensensed alwaye out
Whiche I behelde/and was in grete doubt
Her palfraye swyfte/rennynge as the wynde
With two whyte grehoundes / that were not behynde

Whan that these grehoundes/had me so espyed
With faunynge chere/of grete humylyte
In goodly hast/they fast vnto me hyed
I mused why/and wherfore it shoulde be
But I welcomed them/in euery degre
They leped ofte/and were of me ryght fayne
I suffred them/and cherysshed them agayne

Theyr colers were of golde/and of tyssue fyne
Wherin theyr names/appered by scypture
Of Dyamondes/that clerely do shyne
The lettres were grauen fayre and pure
To rede theyr names/ I dyde my besy cure
The one was gouernaunce/the other named grace
Than was I gladde/of all this sodayne cace

And than the lady/with fyry flame
Of brennynge tongues/was in my presence
Upon her palfraye/whiche hadde vnto name
Pegase the swyfte/so fayre in excellence
Whiche so mtyme longed/with his premynence
To kynge Percyus/the sone of Iubyter

On whome he rode/by the worlde so fer

To me she sayde/she meruayled moche why
That her grehounde/shewed me that fauour
What was my name/she axed me treuly
To whome I sayde/it was la graunde Amour
Besechynge you/to be to me socour
To the toure of doctryne/and also me tell
Your propre name/and where you do dwell

My name quod she/in all the worlde is knowen
Yclypped Fame/in euery regyon
For I my horne/in sondry wyse haue blowen
After the dethe/of many a champyon
And with my tonges/haue made aye mencyon
Of theyr grete actes/agayne to reuyue
In flammynge tongues/for to abyde on lyue

It was the custome/in olde antyquyte
Whan the golden worlde/hadde domynacyon
And nature hygh/in her auctoryte
More stronger hadde/her operacyon
Than she hath nowe/in her dygressyon
The people than dyde/all theyr besy payne
After theyr dethe/in fame to lyue agayne

Recorde of Satourne/the fyrste kynge of Creete
Whiche in his youthe/throughe his dylygente
Founde fyrst plowynge/of the landes swete
And after this/by his grete sapyence
For the compyn profyte/and beneuolence
Of all metalles/he made deuysyon
One frome an other/by good proupsyon

And than·also/as some poetes sayne
He founde shotynge/and drawenge of the bowe
Yet as of that/I am not hynge certayne
But for his connynge/of hye degre and lowe
He was well beloued/as I do well knowe
Throughe whose labour/and aye besy cure
His fame shall lyue/and shall ryght longe endure

In whose tyme reygned/also in Thessayle
A parte of Grece/the kynge Melyzyus
That was ryght stronge/and fyerce in batayle
By whose labour/as the story sheweth vs
He brake tyrst horses wylde and rygoryous
Techynge his men/on them ryght well to ryde
And he hymselfe/dyde fyrst the horse bestryde

Also Mynerue/the ryght hardy goddes
In the same tyme/of so hyghe renowne
Vaynquysshed Pallas/by her grete worthynesse
And fyrste made harneys/to leye his pryde adowne
Whose grete defence/in euery realme and towne
Was spredde aboute/for her hye chyualry
Whiche by her harneys/wanne the vyctory

Doth not remayne/yet in remembraunce
The famous actes/of the noble hercules
That so many monstres/put to vtteraunce
By his grete wysdome/and hye prowes
As the recule of Troye/bereth good wytnes
That in his tyme/he wolde no batayle take
But for the wilthe/of the comyns sake

Thus the hole myndes/were euer fyxte and set

Of noble men/in olde tyme to deuyse
Suche thynges as were/to the comyn proffet
For in that tyme/suche was theyr goodly guyse
That after dethe theyr fame shoulde aryse
For to endure/and abyde in mynde
As yet in bokes/we maye them wryten fynde

O ye estates/surmountynge in nobesse
Remembre well the noble papyms all
How by theyr laboure/they wanne the hyenesse
Of worthy fame/to reygne memoryall
And them applyed/euer in specyall
Thynges to practyse/whiche shoulde prouffyte be
To the comyn welthe/and theyr heyres in fee

⸿ Of the swete reporte of fame of the fayre lady la bel
pucell in the toure of musyke.ca.　　　　　　　ii.

And after this/fame gan to expresse
Of Jeoperdous waye/to the toure peryllous
And of the beaute/and the semelynesse
Of la bell pucell/so gaye and gloryons
That dwelled in the toure so meruaylous
Unto whiche myght come/no maner of creature
But by grete laboure/and harde aduenture

For by the waye/there ly in wayte
Gyauntes grete dyssygured of nature
That all deuoureth/by theyr yll conceyte
Ageynst whose strength/there maye no man endure
They are so huge/and stronge out of mesure
With many serpentes/foule and odyous

In sundzy lykenesse/blacke and tydeus

But behonde them/a grate see there is
Beyonde whiche see/there is a goodly lande
Moost full of fruyte/replete with Joye and blysse
Ofryght fyne golde/appereth all the sande
In this fayze realme/where the toure dothe stande
Made all of golde/enameled aboute
With noble stozyes/whiche do appere without

In whiche dwelleth/by grete auctozyte
Ofla bell pucell/whiche is so fayze and bzyght
To whome in beaute/no pere J can se
Foz lyke as Phebus/aboue all sterres in lyght
Whan that he is/in his spere aryght
Dothe excede/wich his beames clere
So dothe her beaute/aboue other appere

She is bothe good/aye wyse and vertuous
And also dyscended/ofa noble lyne
Ryche/comly/ryght meke/and bounteous
All maner vertues/in her clerely shyne
No byce of her/maye ryght longe domyne
And J dame fame/in euery nacyon
Of her do make/the same relacyon

Her swete repozte/so my herte set on fyze
With bzennynge loue/moost hote and feruent
That her to se/J hadde grete despze
Sayenge to fame/olady excellent
J haue determyned/in my Jugement
Foz la bell pucell/the most fayze lady
To passe the waye/of so grete Jeopardy

You shall quod fame/atayne the vyctory
Yf you wyll do/as I shall to you saye
And all my lesson/retayne in memory
To the toure of doctryne/ye shall take your waye
You are now within/a dayes Journeye
Bothe these grehounde/shall kepe you company
Loke that you cheryshe them full gentely

And countenaunce/the goodly portres
Shall let you in/full well and nobly
And also shewe you/of the parfytenes
Of all the seuen scyences/ryght notably
There in your mynde/you maye ententyfly
Unto dame doctryne/gyue parfyte audyence
Whiche shall enfourme you/in euery scyence

Fare well she sayde/I maye not now abyde
Walke on your waye/with all your hole delyght
To the toure of doctryne/at this morow tyde
Ye shall to morowe/of it haue a syght
Kepe on your waye/now before you ryght
For I must hens/to specyfy the dedes
Of theyr wortynesse/accordynge to theyr medes

And with that she dyde/fro me departe
Upon her stede/swyfter than the wynde
Whan she was gone/full wofull was my herte
With inwarde trouble/oppressed/was my mynde
Yet were the grehoundes/lefte with me behynde
Whiche dyde me comforte/in my grete vyage
To the toure of doctryne/with theyr fawnynge courag

So forthe I went/tossynge on my brayne

Gretely musynge/ouer hyll and vale
The waye was troublous/and ey nothynge playne
Tyll at the laste/ I came to a dale
Beholdynge Phebus/declynynge lowe and pale
With my grehoundes/in the fayre twy lyght
I sate me downe/for to rest me all nyght

Slouthe vpon me/so fast began to crepe
That of fyne force/ I downe me layde
Upon an hyll/with my greyhoundes to slepe
Whan I was downe/I thought me well apayde
And to my selfe/these wordes than I sayde
Who wyll attayne/soone to his Journays ende
To nourysshe slouthe/he may not condyscende

℃ How fame departed frome graunde amoure and
lefte with hym gouernaunce and grace/ and howe he
vente to the toure of doctryne. Ca.   .iii.

Thus than I slepte/tyll ẏ Auroras beames
Gan for to sprede/aboute the fyrmament
And ẏ clere sonne/with his golden streames
Began for to ryse/fayre in the oryent
Without Saturnus/blacke encombrement
And the lytell byrdes/makynge melodye
Dyde me awake/with theyr swete armonye

I loked aboute/and sawe a craggy roche
Ferre in the west/nere to the element
And as I dyde than/vnto it approche
Upon the toppe/ I sawe refulgent
The ryall toure/of morall document
Made of fyne coper/with turrettes fayre and hye
       Pleasure   B.i.

Whiche agaynst Phebus/shone so meruaylously

That for the veray perfyte bryghtnes
What of the toure/and of the clere sonne
I coude nothynge/beholde the goodlynes
Of that palays/where as doctryne dyde wonne
Tyll at the last/with mysty wyndes donne
The radpant bryghtnes/of golden Phebus
Iuster gan couer/with cloudes tenebrus

Than to the toure/I drewe nere and nere
And often mused/of the grete hyghnes
Of the craggy rocke / whiche quadrant dyde appere
But the fayre toure/so moche of rychesse
Was all about/sexangled doubtles
Gargeylde with grehoundes/& with many lyons
Made of fyne golde/with dyuers sundry dragons.

The lytell turrets/with ymages of golde
Aboute was set/wiche with the wynde aye moued
With propre vyces/that I dyde well beholde
Aboute the toures/in sondry wyse they houed
With goodly pypes/in theyr mouthes ytuned
That with the wynde/they pyped a daunce
Yclyped amour de la hault pleasaunce

¶How he was lette in by Countenaunce the porteres
and of the meruaylous buyldynge of the same toure.
Capitulo.   iiii.

The toure was grete/⁊ of meruaylous wydnes
To whiche there was/no way to passe but one
In to the toure/for to haue an intres
    Pleasure.   B.ii.

A grece there was / yt he fyled all of stone
Out of the rocke / on whiche men dyde gone
Up to the toure / and in lyke wyse dyde I
With bothe the grehonndes in my company

Tyll that I came / to a ryall gate
Where I sawe stondynge / the goodly portres
Whiche axed me / from whens I came a late
To whome I gan / in euery thynge expresse
All myne aduenture / chaunce and busynesse
And eke my name / I tolde her euery dell
Whan she herde this / she lyked me ryght well

Her name she sayde / was called countenaunce
In to the besy courte / she dyde me than lede
Where was a fountaryne / depured of pleasaunce
A noble sprynge / a ryall conduyte hede
Made of fyue golde / enameled with reed
And on the toppe / fonre dragons blewe and stonte
This doulcet water / in foure partyes dyde spoute

Of whiche there flowed / foure ryuers ryght clere
Sweter than Nylus / or Ganges was theyr odoure
Tygrys or Eufrates / vnto them no pere
I dyde than tast / the aromatyke lycoure
Fragraunt of fume / swete as ony floure
And in my mouthe / it hadde a meruaylous cent
Of dyuers spyces / I knewe not what it ment

And after this / ferder forthe me brought
Dame countenaunce / in to a goodly hall
Of Iasper stones / it was wonderly wrought
The wyndowes clere / depured all of cryftall

And in the rofe/on hye ouer all
Of golde was made/a ryght crafty vyne
In ftede of grapes/the rubyes there dyde fhyne

The flore was paued/with berall claryfyed
With pyllours made/of ftones precyous
Lyke a place of pleafure/fo gayly gloryfyed
It myght be called/a palays gloryous
Somoche delectable/and folacyous
The hall was hanged/hye and cyrculer
With clothe of aras/in the rycheft maner

That treted well/of a full noble ftory
Of the doughty waye/to the toure peryllous
How a noble knyght/fhoulde wynne the vyctory
Of many a ferpent/foule and odyous
And the fyrfte mater/than appered thus
How at a venture/and by fodayne chaunce
He met with fame/by fortunes purueyaunce

Whiche dyde hym fhewe/of the famous pulcrytude
Of la bell pucell/fo clere in beaute
Excellynge all other/in euery fymplytude
Nature her fauoured/fo moche in degre
Whan he herde this/with feruent amyte
Accompaned with grace and gouernaunce
He toke his waye/without encombraunce

Unto the ryght famous toure of lernynge
And fo frome thens/vnto the toure of clyualry
Where he was made knyght/the noble kynge
Called Melyzyus/well and worthely
And ferthermore/it fhewed full notably
          Pleafure.   B.iii.

Upon the aras/ybrobred all of blewe
What was his name/with lettres all of grewe

Thus with his barlet/he toke on his waye
To the peryllous toure/and sytuacyon
Metynge foly/as he rode on his Journaye
Rydynge on a mare/by grete yllusyon
After whome/ensued fast correccyon
And in her hande/a stronge knotted whyppe
It euery Farte/she made hym for to skyppe

And than correccyon/brought la graunde amoure
Unto the toure/where as he myght well se
Dyuers men/makynge ryght grete doloure
That destauded women/by theyr duplycyte
Yet before this/in persyte certaynte
As the aras/well dyde make relacyon
In Uenus temple/he made his oblacyon

After whiche/he mette an hydeous gyaunt
Hauynge thre hedes of meruaylous kynde
With his grete strokes/he dyde hym daunt
Castynge hym downe/vnder the lynde
With force and myght/he dyde hym bynde
Strykynge of his hedes than euerychone
That of all thre hedes/he left not one

This terryble gyaunt/yet hadde a broder
Whiche graunde amoure/destryed also
Hauynge foure heedes/more than the oder
That vnto hym/wrought mykell wo
But he slewe soone/his mortall fo
Whiche was a grete gyaunt/with hedes seuen

To meruaylous/now for me to nenen

yet moze ouer/he put to vtteraunce
A venymous beeſt/of ſundzy lykenes
Of dyuers breſtes/of ryght grete myſchaunce
Wherofthe pycture/bare good wytnes
Foz by his power/and his hye wozthyneſſe
He dyde ſcomfyte/the wonderous ſerpent
Of the ſeun metalles/made by enchauntement

And eke the clothe/made demonſtracyon
How he weded/the grete lady beauteous
La bell pucell/in her owne dompnacyon
After his labour/and paſſage daungerous
With ſolempne Joye/and myzthe melodyous
This famons ſtozy/well pyctured was
In the fayze hall/vpon the aras

The marſhall/yclypped was dame reaſon
And the yewzes/alſo obſeruaunce
The panter pleaſaunce/at euery ſeaſon
The good butler/curteys contynuaunce
And the chefe coke/was called temperaunce
The lady chambzelayne/named fydelyte
And the hygh ſtuarde lyberalyte

There ſate dame doctryne/that lady gent
Whiche called me/vnto her pzeſence
Foz to knowe/all the hole entent
Of my comynge/vnto her excellence
Madame J ſayde/to lerne your ſcyence
J am comen/now me to apply
With all my cure/in perfyte ſtudy

And yet also/I vnto her than shewed
My name and purpose/without doublenes
For very grete Joye/than were endued
Her crystall eyes/full of lowlenes
Whan that she knewe/for veray sykernesse
That I was he/that shoulde so attayne
La bell pucell/with my busy payne

And after this/I hadde ryght good chere
Of mete and drynke/there was grete pleynte
Nothynge I wanted/were it chepe or dere
Thus was I serued/with delycate dysshes daynte
And after this/with all humylyte
I went to doctryne/prayenge her good grace
For to assygne me/my fyrst lernynge place

Seuen doughters/moost experte iu connynge
Withouten foly/she hadde well engendred
As the seuen scyences/in bertue so shynynge
At whose encreace/there is grete thankes rendred
Unto the moder/as nothynge surrendred
Her good name/and her dulcet sounde
Whiche dyde engendre/theyr orygynall grounde

And fyrst to gramer/she forthe me sent
To whose request/I dyde well obay
With dylygence/forth on my waye I went
Up to a chambre/depaynted fayre and gay
And at the chambre/in ryght ryche araye
We were let in/by hygh auctoryte
Of the ryght noble/dame congruyte

¶How Scyence/sent hym fyrste/to gramer where
he was receyued by dame Congruyte:ca.   h.

Þe lady Gramer/in all humbly wyſe
Dyde me receyue/in to her goodly ſcole
To whoſe doctryne/J dyde me aduertyſe
for to attayne/in her artyke poole
Her gylted dewe/for to oppꝛeſſe my doole
To whome J ſayde/that J wolde gladly lerne
Her noble connynge/ſo that J myght decerne

What that it is/and why that it was made
To whiche ſhe anſwered/than in ſpecyall
Bycauſe that connynge/ſhoulde not pale ne fade
Of euery ſcyence/it is oꝛygynall
　　Pleaſure.　　　　　　　　　　C.i.

Whiche dothe vs teche/euer in generall
In all good ordre/to speke dyrectly
And for to wryte/by true artografy

Somtyme in Egypte/reygned a noble kynge
Yclypped Euander/whiche dyde well abounde
In many bertues/especyally in lernynge
Whiche hadde a doughter/that by her study founde
To wryte true latyn/the fyrst parfyte grounde
Whose goodly name/as her story sayes
Was called Carmentis/in her lyuynge dayes

Thus in the tyme/of olde antyquyte
The noble phylozophres/with theyr hole delyght
For the comyn prouffyte/of all humanyte
Of the seuen scyences/for to knowe the ryght
They studyed/many a longe wynters nyght
Eche after other/theyr partes to expresse
This was theyr guyse/to eschewe ydlenesse

The pomped carkes/with sode delycyous
They dyde not fede/but to theyr sustynaunce
The folowed not/theyr flesshe so vycyous
But ruled it/by prudent gouernaunce
They were content/alwaye with suffysaunce
They coueyted not/no worldly treasure
For they knewe/that it myght not endure

But now a dayes/the contrary is vsed
To wynne the money/theyr studyes be all sette
The comyn prouffyte/is often refused
For well is he/that maye the money gette
Frome his neyghboure/without ony lette

They thynke nothynge/they shall from it pas
Whan all that is/shall be tourned to was

The brytell flesshe/nouryssher of vyces
Under the shadowe/of euyll slogardy
Must nede haunt/the carnall delytes
Whan that the brayne/by corrupte glotony
Up so downe/is toureud than contrary
Frayle is the body/to grete vnhappynes
Whan that the heed/is full of dronkenes

So do they now/for they nothynge prepence
How cruell dethe/dothe them sore ensue
They are so blynded/in worldly neclygence
That to theyr meryte/they wyll nothynge renewe
The seuen scyences/theyr slouthe to eschewe
To an oders profyte/they take nown no kepe
But to theyr owne/for to ete drynke and slepe

And all this dame gramer/tolde me euery dele
To whome I herkened/with all my dylygence
And after this/she taught me ryght well
Fyrst my donet/and than my accydence
I sette my mynde/with percynge influence
To lerne her scyence/the fyrst famous arte
Eschewynge ydlenes/and layenge all aparte

Madame quod I/for as moche as there be
Uiii. partes of speche/I wolde knowe ryght fayne
What a nowne substantyue/is in his degre
And wherfore it is/so called certayne
To whome she answered/ryght gentely agayne
Sayenge alwaye/that a nowne substantyue
  Pleasure.   C.ii.

Mygh stande/without helpe of an adiectyue

The latyn worde/whiche that is referred
Unto a thynge/whiche is substancyall
For a nowne substantyue/is well auerred
And with a gendre/is declynall
So all the eyght partes in generall
Are laten wordes/annexed properly
To euery speche/for to speke formally

And gramer is/the fyrste foundement
Of euery seyence/to haue construccyon
Who knewe gramer/without impedyment
Soulde persytely haue intelleccyon
Of a lytterall cense/and moralyzacyon
To construe euery thynge ententysly
The worde is gramer/well and ordynatly

By worde the worlde/was made orygynally
The hye kynge sayde/it was made incontynent
He dyde commaunde/all was made shortly
To the worlde/the worde is sentencyous Iugement
I marked well/dame gramers sentement
And of her than/I dyde take my lycence
Goynge to Logyke/with all my dylygence

¶How he was receyued/of Logyke.ca.   vi.

SO vp I went/vnto a chambre bryght
        Where was wonte/to be a ryght fayre lady
Before whome than/it was my hole delyght
I kneled adowne/full well and mekely
Besechynge her/to erstructe me shortely

In her noble scyence / whiche is experyent
For man to knowe / in many an argument

you shall quod she / my scyence well lerne
In tyme and space / to your grete vtylyte
So that in my lokynge / you shall than decerne
A frende from fo / and good from inyquyte
Ryght from wronge / ye shall knowe in certaynte
My scyence is / all theyll to eschewe
And for to knowe / the false from the trewe

Who wyll take payne / to folowe the trace
In this wretched worlde / of trouthe & ryghtwysenes
In heuen aboue / he shall haue dwellynge place
And who that walketh / the waye of derkenes
Spendynge his tyme / in worldly wretchednes
A myddes the erth / in hell most horryble
He shall haue payne / nothynge extynguyssyble

So by logyke / is good perceyueraunce
To deuyde the good / and the euyll a sondre
It is alway / at mannes pleasaunce
To take the good / and cast the euyll vnder
Yf god made hell / it is therof no wonder
For to punysshe man / that hadde intellygence
To knowe good from yll / by trewe experyence

Logyke alwaye / doth make probacyon
Prouynge the pro / well from the contrary
In sundry wyse / by argumentacyon
Grounded on reason / well and wonderly
Who vnderstode / all logyke treuly
Nothynge by reason / myght be in pledynge
    Pleasure.   C.iii.

But he the trouthe/shoulde haue in knowlegynge

Her wyse doctryne/I marked in memory
And toke my leue/of her hye personne
Bycause that I myght no lenger tary
The yere was spente/and so ferre than goone
And of my lady/yet syght hadde I none
Whiche was abydynge/in the toure of musyke
Wherfore anone/I went to Rethoryke

❡How he was receyued of Rethoryke / and what Re=
  thoryke is.ca.   vii.

Than aboue Logyke/vp we went a stayre
In to a chambre/gayly gloryfyed
Strowed with floures/of all goodly ayre
Where sate a lady/gretely magnyfyed
And her trewe vesture/clerely puryfyed
And ouer her heed/that was bryght and shene
She hadde a garlande/of the laurell grene

Her goodly chambre/was set all about
With depured myrrours/of speculacyon
The fragraunt fumes/dyde well encense out
All mysty vapours/of perturbacyon
More lyker was/her habytacyon
Unto a place/whiche is celestyall
Than to a terrayne/mancyon fatall

Before whome/than I dyde knele a downe
Sayenge o sterre/of famous eloquence
O gylted goddesse/of the hygh renowne
Enspyred/with the heuenly influence
Of the doulcet well/of complacence
Upon my mynde/with dewe aromatyke
Dystyll adowne/thy lusty Rethoryke

And depaynt my tonge/with thy ryall floures
Of delycate odoures/that I maye ensue
In my purpose/to glade myne audytoures
And with thy power/that thou me endue
To moralyse/thy lytterall censes trewe
And clense awaye/the myst of ygnoraunce
With depured beames/of goodly ordynaunce

With humble eeres/of parfyte audyence
    Pleasure   C.iiii.

To my request/she dyde than enclyne
Sayenge she wolde/in her goodly scyence
In short space/me so well indoctryne
That my dull mynde/it shoulde enlumyne
With golden beames/for euer to oppresse
My rude langage/and all my symplenesse

I thanked her/of her grete gentylnes
And axed her/after this questyon
Madame I sayde/I wolde knowe doubtles
What rethozyke is/without abusyon
Rethozyke she sayde/was founde by reason
Man for to gouerne/well and prudently
His wordes to ordre/his speche to puryfy

Fyue partes hath rethozyke/for to werke trewe
Without whiche fyue/there can be no sentence
For these fyue/do well euermore renue
The mater parfyte/with good intellygence
Who that wyll se them/with all his dylygence
Here folowenge/I shall them specyfy
Accordynge well/all vnto myne ordynary

¶ Of the fyrste called inuencyon. And a commendacy=
on of poetes. Ca.   viii.

The fyrste of them / is called inuencyon
Whiche sourdeth / of the most noble werke
Of .v. inwarde wyttes / with hole affeccyon
As wryteth ryght many a noble clerke
With mysty colour / of cloudes derke
How comyn wytte / dooth full well electe
What it sholde take / and what it shall abiecte

And secondly / by ymagynacyon
To drawe a mater / full facundyous
Full meruaylous / is the operacyon
To make of nought / reason sentencyous

Clokynge a trouthe/with colour tenebrous
For often vnder a fayre sayned fable
A trouthe appreceth gretely profytable

It was the guyse in olde antyquyte
Of famous poetes/ryght ymagynatyfe
Fables to fayne/by good auctoryte
They were so wyse/and so inuentyfe
Theyr obscure reason/fayre and sugratyfe
Pronounced trouthe/vnder cloudy fygures
By the inuencyon/of theyr fatail scryptures

And thyrdly they hadde suche a fantasy
In this hygh arte/to be intellygyble
Theyr fame encreasynge/euermore truely
To slouth euer/they were inupncyble
To theyr wofull hertes/was nought impossyble
With brennynge loue/of insacyate fyre
Newe thynges to fynde/they set theyr desyre

For though a man/of his propre mynde
Be inuentyfe/and he do not apply
His fantasye/vnto the besy kynde
Of his connynge/it maye not ratyfye
For fantasye/must nedes exemplyfy
His newe inuencyon/and cause hym to entende
With hole desyre/to brynge it to an ende

And fourtely/by good estymacyon
He must nombre all the hole cyrcumstaunce
Of this mater/with breuyacyon
That he walke not/by longe contynuaunce
The perambulat waye/full of all varyaunce

By eſtymacyon/is made annuncyate
Whether the mater be longe or breuyate

For to inuencyon/it is equypolent
The mater founde/ryght well to comprehende
In ſuche a ſpace/as it is conuenyent
For properly/it doth euer pretende
Of all the purpoſe/the length to extende
So eſtymacyon/maye ryght well conclude
The parfyte nombre/of euery ſymylytude

And yet than/the retentyfe memory
Whiche is the fyfte/muſt euer agregate
All maters thought/to retayne inwardly
Tyll reaſon therof/hath made a probate
And by ſcrypture/wyll make demonſtrate
Outwardly/accordynge to the thought
To proue a reaſon/vpon a thynge of nought

Thus whan the fourth/hath wrought full wonderly
Than muſt the mynde/werke vpon them all
By cours ingenyous/to rynne dyrectly
After theyr thoughtes/than in generall
The mynde muſt cauſe them to be memoryall
As after this/ſhall appere more openly
All hole expreſt/by dame phyloſophy

O thruſt of vertue/and of ryall pleaſure
Of famous poetes/many yeres ago
O inſacyate couetyſe/of the ſpecyall treaſure
Of newe inuencyon/to polenes the ſo
We maye you laude/and often prayſe alſo
And ſpecyally/for worthy cauſes thre
Whiche to this daye/we maye bothe here and ſe

Is to the fyrste/your hole desyre was set
Fables to fayne/to eschewe ydlenes
With amplyacyon/more connynge to get
By the labour/of inuentyfe besynes
Touchynge the trouthe/by couert lykenes
To dysnull vyce/and the vycyous to blame
Your dedes therto/exemplyfyde the same

And secondly/ryght well you dyde endyte
Of the worthy actes/of many a conqueroure
Throughe whiche laboure/that you dyde so wryte
Unto this daye reygneth the honoure
Of euery noble/and myghty warryoure
And for youe labour/and your besy payne
Youre fame yet lyueth/and shall endure certayne

And eke to prayse you/we are gretely bounde
Bycause our connynge/frome you so procedeth
For you therof/were fyrst orygynall grounde
And vpon youre scryptue/our scyence ensueth
Your splendent verses/our lyghtnes renueth
And so we ought to laude and magnyfy
Your excellent sprynges/of famous poetry

Ca.ix.

But rude people/opprest with blyndnes
Agaynst your fables/wyll often solysgyse
Suche is theyr mynde/suche is theyr folysshnes
For they byleue/in no maner of wyse
That vnder a colour/a trouthe may aryse
For folysshe people/blynded in a mater
Wyll often erre/whan they of it do clatter

O all ye cursed/and suche euyll fooles
Whose syghttes be blynded/ouer all with foly

Open your eyes / in the pleasaunt scoles
Of parfyte connynge / oz that you reply
Agaynst fables / foz to be contrary
foz lacke of connyge / no meruayle thoughe you erre
In suche scyence / whiche is frome you so ferre

foz now the people / whiche is dull and rude
yf that they do rede / a satall scryppture
And can not mozalyse / the semelytude
Whiche to theyz wyttes / is so harde and obscure
Than wyll they saye / that it is sene in vze
That nought do poetes / but depaynt and lye
Deceyuynge them / by tongues of flatery

But what foz that / they can not defame
The poetes actes / whiche are in effecte
Unto themselfe / remayneth the shame
To dysprayse that / whiche they can not cozrecte
And yf that they / hadde in it inspecte
That they wolde it prayse / and often eleuate
foz it shoulde be / to them so delycate

The seconde parte / of crasty rethozyke. ca.   x.
    Maye well be called dysposycyon
That doth so hyghe mater aromatytyke
Adowne dystyll / by consolacyon
As olde poetes / make demonstracyon
That Mercury thzugh his premynence
His natyues endueth / with famous eloquence

By veray reason / it maye ryght well appere
That dyuers persones / in sundzy wyse delyght
Theyz consolacyons / doth contratry so steere

That many myndes/maye not agre aryght
Suche is the planettes/of theyr course and myght
But what for that/be it goed or yll
Them for to folowe/it is at mannes frewyll

And dysposycyon/the trewe seconde parte
Of rethoryke/doothe euermore dyrecte
The maters founde/of this noble arte
Gyuynge them place/after the aspecte
And oftyme/it hathe the inspecte
As frome a fayre parfyte narracyon
Or elles by a stedfaste argumentacyon

The whiche was constytute/by begynnynge
As on the reason/and yf apparaunce
Of the cause/than by outwarde semynge
Be harde and dyffyculte/in the vtteraunce
So as the mynde/haue no perceyueraunce
Nor of the begynnynge/can haue audyence
Than must narracyon/begynne the sentence

And yf it be a lytle probable
Frome ony maner stedfast argument
We ordre it/for to be ryght stable
Aad than we neuer/begyn our sentement
Recytynge lettres/not conuenyent
But this commutacyon/shoulde be refused
Without cause or thynge/make it be vsed

This that I wryte/is harde and couert
To them that haue/nothynge intellygence
Up so downe/they make it oft transuert
Or that they can knowe/the experyence

Of this crafte/and facundyous scyence
By dyspofycyon/the rethozycyan
To make lawes/ozdynatly began

Without dyspofycyon/none ozdze gan be
For the dyspofycyon/ozdzeth euery matter
And gyueth the place/after the degre
Without ozdze/without reafon we clatter
Where is no reafon/it bayleth not to chatter
Dyspofycyon/ozdzeth a tale dyzectly
In a perfyte reafon/to conclude truely

The fatall problemes/of olde antyquyte
Cloked with myft/and with cloudes derke
Ozdzed with reafon/and hye auctozyte
The trouthe dyde Chewe/of all theyz couert werke
Thus haue they made/many a noble clerke
To dysnull myfchefe/and inconuenyence
They made our lawes/with grete dylygence

Befoze the lawe/in a tumblynge barge
The people fayled/without parfytenes
Throughe the wozlde/all aboute at large
They hadde none ozdze/noz no ftedfaftnes
Tyll rethozycyans/founde Juftyce doubtles
Ozdenynge kynges/of ryghte hye dygnyte
Of all comyns/to haue the fouerainte

The barge to ftere/with lawe and Juftyce
Ouer the wawes/of this lyfe tranfytozye
To dyzecte wzonges/and also pzeiudyce
And tho that wyll refyfte a contrary
Agaynfte theyz kynge/by Juftyce openly

For theyr rebellyon/and euyll treason
Shall suffre dethe/by ryght and reason

O what laude/glory and grete honoure
Unto these poetes/shall be notyfyed
The whiche dystylled/aromatyke lycour
Clensynge our syght/with ordre puryfyed
Whose famous draughtes/so exemplyfyed
Sette vs in ordre/grace and gouernaunce
To lyue dyrectly/without encombraunce

But many one/the whiche is rude and dull
Wyll dyspyse theyr wark. for lacke of connynge
All in vayne/they do so hayle and pull
Whan they therof/lacke vnderstandynge
They grope ouer/where is no felynge
So dull they are/that they can not fynde
This ryall arte/for to percepue in mynde

And than the.iij.parte/is elocucyon   ca.xi.
   Whan inuencyon/hath the purpose wrough
And set it in ordre/by dysposycyon
Without this thyrde parte/it vayleth ryght nought
Thoughe it be founde/and in ordre brought
Yet elocucyon/with the power of Mercury
The mater exorneth/ryght well facundyously

In fewe wordes/swete and sentencyous
Depaynted with golde/harde in construccyon
To the artyke eres/swete and dylycyous
The golden rethoryke/is good refeccyon
And to the reder/ryght consolacyon
As we do golde/frome coper puryfy

So that elocucyon/doth ryght well claryfy

The dulcet speche/frome the langage rude
Tellynge the tale/in termes eloquent
The barbary tongue/it doth ferre exclude
Electynge wordes/whiche are expedyent
In latyn/or in englysshe/after the entent
Encensynge out/the aromatyke sume
Our langage rude/to exple and consume

But what auayleth euermore to sowe
The precyous stones/amonge gruntynge hogges
Draffe vnto them/is more meter I trowe
Let an hare and swyne/be amonge curre dogges
Though to the hares/were tyed grete clogges
The gentyll best/they wyll regarde nothynge
But to the swyne/take course of rennynge

To cloke the sentence/vnder mysty fygures
By many coloures/as I make relacyon
As the olde poetes/couered theyr scyptures
Of whiche the fyrste/is dystrybucyon
That to the euyll/for theyr abusyon
Doth gyue payne/and to the worthy
Laude and prayse/them for to magnyfy

Of beest or byrde/they take a semplytude
In the condycyon/lyke to the party
Feble fayre/or yet of fortytude
And vnder colour ofthis beest pryuely
The morall cense/they cloke full subtyly
In prayse or dyspraysc/as it is reasonable
Of whose faynynge/fyrste rose the fable
    Pleasure   D.i.

Concludynge reason/gretely profytable
Who that theyr fables/can well moralyse
The fruytfull sentences are delectable
Though that the fyccyon/they do so deuyse
Under the colour/the trouthe dooth aryse
Concludynge reason/rychesse and connynge
Pleasure/example/and also lernynge

They fayned/no fable without reason
For reasonable is/all theyr moralyte
And vpon reason/was theyr conclusyon
That the comyn wyt/by possybylyte
Maye well adiuge/the perfyte veryte
Of theyr sentence/for reason openly
To the comyn wyt/it doth so notyfy
               Rychesse.
Theyr fruytfull sentence/was grete rychesse
The whiche ryght surely/they myght well domyne
For lordeshyppe/welthe/and also noblesse
The chaunce of fortune/can soone determyne
But what for this/she can not declyne
The noble scyence/whiche after pouerte
Maye brynge a man agayne to dygnyte
               Scyence.
Theyr sentence is connynge/as appereth well
For by connynge/theyr arte dooth engendre
And without connynge/we knowe neuer a dele
Of theyr sentence/but maye soone surrendre
A true tale/that myght to vs rendre
Grete pleasure/yf we were intellygyble
Of theyr connynge/nothynge impossyble
               Pleasure.
O what pleasure to the intellygent

It is to knowe/and haue percepueraunce
Of theyr connynge/so moche expedyent
And therof to haue good vtteraunce
Redynge newe thynges/of so grete pleasaunce
Fedynge the mynde/with sode insacyate
The tales newe/they are so delycate

Example.

In an example/with a mysty cloude
Of couert lykenesse/the poetes do wryte
And vnderneth the trouthe/doth so shroude
Both good and yll/as they lyst acquyte
With symplytude/they dyde so well endyte
As I here after/shall the trouthe scone shewe
Of all theyr mysty/and theyr satall dewe

The poetes fayne/how that kynge Athlas
Heuen shoulde bere/vpon his shoulders hye
Bycause in connynge/he dyde all other pas
Especyally/in the hygh astronomye
Of the .vi. planettes/he knewe so parsytely
The operacyons/how they were domysyed
For whiche poetes/hym so exemplysyed

And in lykewyse/vnto the sagyttary
They seyne the centaures/to be oflykenesse
As halfe man/and halfe horse truely
Bycause Mplyzpus/with his worthynesse
Dyde fyrste attame/and breke the wyldnes
Of the ryall stedes / and ryght swyftly
His men and he/rode on them surely

And also Pluto/somtyme kynge of hell
I Cyte of Grece/standynge in thessayle
Pleasure.   D.ii.

Betwene grete rockes/as the boke doth tell
Wherin were people/without ony fayle
Huge/fyerſe/and ſtronge in batayle
Tyrauntes/theues/replete with treaſon
Wherfore poetes/by true comparyſon

Unto the deuylles/blacke and tedyous
Dyde them reſemble/in terryble fygure
For theyr myſſelyuynge/ſo foule and vycyous
As to this daye/it doth appere in bre
Of Cerberus/the deſloured pycture
The porter of hell/with thre hedes vgly
Lyke an horryble gyaunt/fyrſe and wonderly

Bycauſe alwaye/his cuſtomed tyranny·
Was elate in herte/by hygh preſumpcyon
Thynkynge hymſelfe/mooſt ſtronge and myghty
And ſecondly/he was dyſtruccyon
Of many ladyes/by yll compulcyon
And thyrdly/his deſyre inſacyable
was to get ryches/full innumerable

Thus for theſe thre vyces abhomynable
They made hym/with thre hedes ſerpentyne
And lyke a fende/his body ſemblable
For his pryde/auaryce/and alſo rappyne
The morall cenſe/can ſoone enlumyne
The fatall pycture/to be exuberaunt
And to our ſyght clere/and not varpaunt

Alſo reherſed/the cronycles of Spayne
How redoubted Hercules/by puyſſaunce
Fought with an yore/ryght grete certayne

Hauynge seuen hedes/of full grete myschaunce
For whan that he/with all his valyaunce
Had stryken of an heed/ryght shortly
In other anone/arose ryght sodaynly

Seuen sophyms/full harde and fallacyous
This ydre vsed/in perposycyon
Unto the people/and was full rygoryous
To deuoure them/where lacked responcyon
And whan one reason/had conclusyon
In other reason/than incontynent
Began agayne/with subtyll argument

For whiche cause/the poetes couertly
With.vii.hedes/doth this ydre depaynt
For these.vii.sophyms/full ryght closely
But of rude people/the wyttes are so faynt
That with theyr connynge/they can not acquaynt
But who that lyst/theyr scyence to lerne
Theyr obscure fygures/he shall well decerne

O redolent well/of famous poetry
O clere fountayne/replete with swetenes
Resterynge out/the dulcet dylycacy
Of.iiii.ryuers/in meruaylous wydenesse
Fayrer than Tygrys/or yet Eufrates
For the fyrste ryuer/is vnderstondynge
The seconde ryuer/close concludynge

The thyrde ryuer/is called nouelry
The fourth ryuer/is called carbuncles
Impoddes ofwhome/the toure is so goodly
Of Uyrgyll standeth/most solacyous
      Pleasure.   D.iii.

Where he is entered/in stones precyous
By this fayre toure/in a goodly grene
This well doth sprynge/both bryght and shene

To vnderstandynge these.iiii.accydent
Doctryne/percepueraunce/and exercyse
And also therto is equypolent
Euermore/the parfyte practyse
For fyrst doctryne/in all goodly wyse
The percepuerant routh/in his bote of wyll
In vnderstondynge/for to knowe good from yll

So famous poetes/dyde vs endoctryne
Of the ryght waye/for to be intellectyfe
Theyr fables they dyde/ryght so ymagyne
That by example/we maye voyde the stryfe
And without myschefe/for to lede our lyfe
By the aduertence/of theyr storyes olde
The fruyte werof/we maye full well beholde

Depaynted on aras/how in antyquyte
Dystroyed was/the grete cyte of Troye
For a lytell cause/grounded on vanyte
To morall ruyne/they tourned theyr Joye
Theyr vnderstandynge/they dyde than occoy
Nothynge prepensynge/how they dyde prepare
To scourge themselfe/and brynge them in a snare

Who is opprest/with a lytell wronge
Reuengynge it/he maye it soone encreace
For better it is/for to suffre amonge
An iniury/as for to kepe the peace
Than to begynne/whiche he shall neuer ceace

warre ones begon/it is harde to knowe
Who shall abyde/and who shall ouerthrowe

The hygh power/honour/and noblenesse
Of the myghty Romaynes/to whose excellence
All the wyde worlde/so moche of gretenes
Unto theyr empyre/was in obedyent
Suche was theyr famous porte/and preemynence
Tyll within themselfe/there was a contrauersy
Makynge them lese/theyr worthy sygneoury

It is euer/the grounde of sapyence
Before that thou/accomplysshe outwardly
For to reuolue/vnderstandynge and prepence
All in thy selfe/full often inwardly
The begynnynge/and the myddle certaynly
With the ende/or thou put it in vre
And werke with councell/that thou mayst be sure

And who that so doth/shall neuer repent
For his dede is founded/on a parfyte grounde
And for to fall/it hath none impedyment
With surenes/it is so hygh walled rounde
In welthe and ryches/it must nedes habounde
On euery syde/it hath suche ordynaunce
That nothynge can do it anoyaunce

Thus the poetes/conclude full closely
Theyr fruytfull problemes/for reformacyon
To make vs lerne/to lyue dyrectly
Theyr good entent/and trewe construccyon
Shewynge to vs/the hole affeccyon
Of the waye of vertue/welthe and stablenes

And to ſhyt the gate/of myſcheuous entreſ

And euermoꝛe/they are ꝑmagynatyfe
Tales newe/from daye to daye to ſayne
The erryngepeople/that are retractyf
As to the ryght wape/to bꝛynge them agayne
And who that lyſt/theyꝛ ſentence retayne
It ſhall hym pꝛouffyte/yf he wyll apply
To do therafter/full conuenyently

Carbuncles/in the moſt derke nyght
Doth ſhyne fayꝛe/with clere radyant beames
Explynge derkenes/with his rayes lyght
And ſo theſe poetes/with theyꝛ golden ſtreames
Deuoyde our rudenes/with grete ſpꝛy lemes
Theyꝛ ſentencyous verſes/are refulgent
Encenſynge out/the odour redolent

And is theyꝛ warke alſo extynguyſſhyble
Nay truely/foꝛ it doth ſhyne ryhht clere
Thꝛugh cloudes derke/vnto the odyble
To whome truely/it maye nothynge appere
Where connynge fayleth/the ſcyence ſo dere
Ignoꝛaunce hateth/with feruent enuy
And vnto connynge/is moꝛtall ennemy

O ygnoꝛaunce/with ſlouth ſo oppꝛeſt
Open thy curtayne/ſo ryght dymme and derke
And euermoꝛe remembꝛe/the beheſt
Of thy labour/to vnderſtande thy werke
Of many a noble/and ryght famous clerke
Fy vpon ſlouth/the nouryſſher of vyce
Whiche vnto youthe/dooth often pꝛeiudyce

Who in youth lyst/nothynge to lerne
He wyll repent hym/often in his age
That he the connynge/can nothynge decerne
Therfore now youth/with lusty courage
Rule thy flesshe/and thy slouth aswage
And in thy youth/the scyence engendre
That in thyne age/it maye the worshyp rendre

Connynge is lyght/and also pleasaunt
A gentyll burden/without greuousnes
Unto hym/that is ryght well applyaunt
for to bere it/with all his besenes
He shall attaste/the well of fruytfulnesse
Whiche Uyrgyll clarysyed/and also Tullyus
With latyn pure/swete and delycyous

from whens my mayster Lydgate derysyde
The depured rethoryke/in englysshe language
To make our tongue/so clerely purysyed
That the vyle termes/shoulde nothynge arage
As lyke a pye/to chattre in a cage
But for to speke/with Rethoryke formally
In the good ordre/withouten vylany

And who his bokes/lyste to here or se
In them he shall fynde elocucyon
With as good ordre/as ony maye be
kepynge full close/the moralyzacyon
Of the trouth/of his grete entencyon
Whose name is regestered/in remembraunce
for to endoure/by longe contynuaunce

Now after this/for to make relacyon
      Pleasure.   E.i.

Of famous rethozyke/so in this party
As to the fourth parte pronuncyacyon
I shall it shewe/anone ryght openly
With many bzaunches/of it sykerly
And how it taketh the hole affecte
In euery place/degre and aspecte

Han the mater/is founde by inuencyon
Be it mery/oz yet of grete sadnes
Sette in a place/by the dyspocycyon
And by elocucyons/famous clerenes
Ezoznate well/and redy to expzes
Than pronuncyacyon / with chere and countenaunce
Conuenpently/must make the vtteraunce

With humble voyce/and also moderate
Accozdynge/as by hym is audyence
And yf there be/a ryght hye estate
Than vnder honoure/and obedyence
Reasonably done/vnto his excellence
Pronounsynge his mater so facundyous
In all due maner/to be centencyons

Foz thoughe a mater be neuer so good
Yf it be tolde/with tongue of barbary
In rude maner/without the dyscrete mode
It is dystourbaunce/to a hole companye
Foz to se them/so rude and boystously
Demeane themselfe/vtterynge the sentence
Without good maner/oz yet intellygence

It is a thynge/ryght gretely conuenable
To pronounce the mater/as it is conuenyent

And to the herers/ryght delectable
Whan the vtterer/without impedyment
With ryght good maner/countenaunce and entent
Doth tell his tale/vnto them tretably
Kepynge his maner/and voyce full moderatly

This is the costome/that the petes vse
To tell theyr tale/with all du ccyrcumstaunce
The vylapne courage/they do moche refuse
That is boystous and rude of gouernaunce
And euermore/they do to them auaunce
Nurture maner/and all gentylnes
In theyr behauynge/with all semelynes

And thus the gentyll rethozycyan
Through the labour/of his ryall clergy
The famous nurture/orygynally began
Oppzessynge our rudenes/and our foly
And for to gouerne vs/ryght prudently
The good maner/encreaseth dygnyte
And the rudenesse/also inyquyte

The famous poete/who so lyste to here
To tell his tale/it is solacyous
Beholdynge his maners/and also his chere
After the maner/be it sad oz ioyous
Yf it be sadde/his chere is dolozous
As in bewayiynge/a wofull tragedy
That wozthy is/to be in memozy

And yf the mater/be ioyfull and gladde
Lyke countenaunce/outwardly they make
But moderacyon/in theyr myndes is hadde
    Pleasure.   C.ii.

So that outrage/maye them not ouertake
I can not wryte/to moche for theyr sake
Them to laude/for my tyme is shorte
And the mater longe/whiche I must reporte

And the.v.parte/is than memoratyfe
The whiche/the perfyte mynystracyon
Ordynatly causeth/to be retentyfe
Dryuynge the tale/to good conclusyon
For it behoueth/to haue respeccyon
Unto the tale/and the veray grounde
And on what ymage/he his mater founde

Yf to the orature/many a sundry tale
One after other/treatably be tolde
Than sundry ymages/in his closed male
Eche for a mater/he doth than well holde
Lyke to the tale/he doth than so beholde
And inwarde/a recapytulacyon
Of eche ymage the moralyzacyon

Whiche be the tales/he grounded pryuely
Upon these ymages/sygnyfycacyon
And whan tyme is/for hym to specyfy
All his tales/by demonstracyon
In due ordre/maner and reason
Than eche ymage/inwarde dyrectly
The oratoure/doth take full properly

So is enprynted/in his propre mynde
Euery tale/with hole resemblaunce
By this ymage/he dooth his mater fynde
Eche after other/withouten varyaunce

Who to this arte wyll gyue attendaunce
As therof/to knowe the perfytenes
In the poetes scole/he must haue intres

Than shall he knowe/by perfyte study
The memoryall arte/of rethozyke desuse
It shall to hym/so well exemplyfye
Yf that hym lyste/the scyence to vse
Thoughe at the fyzste/it be to hym obtuse
With exercyse/he shall it well augment
Under cloudes derke/and termes eloquent

But now of dayes/the synne of auaryce
Exyleth the mynde/and the hole delyght
To coueyt connynge/whiche is grete pzeiudyce
For insacyatly/so blynded is theyr spght
With the syluer/and the golde so bzyght
They nothynge thynke/on fortune varyable
Whiche all theyr ryches/can make transmutable

The olde sawes/they ryght clene abiect
Whiche for our lernynge/the poetes dyde wzyte
With auaryce/they are so sore infect
They take no hede/nothynge they wzyte
Whiche morally/dyde so nobly endyte
Repzouynge vyce/pzaysynge the vertue
Whiche polenes/dyde euermore eschewe

Now wyll I cease/of lusty rethozyke
I maye not tary/for my tyme is shozte
For I must pzocede/and shewe of arysmetryke
With dyuers nombzes/whiche I must repozte
Hope inwardly/doth me well confozte
    Pleasure.   C.iii.

To brynge my boke／vnto a fynyſſhment
Of all my mater／and my true entent

O Thoughtfull herte／tombled all aboute
Upon the ſe／of ſtormy ygnoraunce
For to ſayle forthe／thou arte in grete doute
Ouer the wawes／of grete encombraunce
Without ony comforte／ſaufe of eſperaunce
Whiche the exorteth／hardely to ſayle
Unto thy purpoſe／with dylygent trauayle

Auſtycus auſter／bloweth frowardly
Towarde the lande／and habytacyon
Of thy well fauerde／and moſt fayre lady
For whoſe ſake／and delectacyon
Thou haſt take／this occupacyon
Pryncypally／ryght well to attayne
Her ſwete rewarde／for thy beſy payne

O penſyfe herte／in the ſtormy pery
Mercury northweſt／thou mayſt ſe appere
After tempeſt／to glad thyne emyſpery
Hoyſe vp thy ſayle／for thou muſte drawe nere
Towarde the ende／of thy purpos ſo clere
Remembre the／of the trace and daunce
Of poetes olde／with all thy purueyaunce

As morall gower／whoſe ſentencyous dewe
Adowne reſtayreth／with fayre golden beames
And after Chaucers／all abrode doth ſhewe
Our vyces to clenſe／his depared ſtremes
Kyndlynge our hertes／with the fyry leames
Of morall vertue／as is probable

In all his bokes/so swete and proussytable

The boke of fame/whiche is sentencyous
He drewe hymselfe/on his owne inuēcyon
And than the tragydyes/so pytous
Of the nyntene ladyes/was his trāslacyon
And vpon his ymagynacyon
He made also/the tales of Caunterbury
Some bertuous/and some glade and mery

And of Troylus/the pytous dolour
For his lady Cresyde/full of doublenesse
He dyde bewayle/full well the langoure
Of all his loue/and grete vnhappynesse
And many other bokes doubtles
He dyde compyle/whose goodly name
In prynted bokes/doth remayne in fame

And after hym/my mayster Lydgate
The monke of Bury/dyde hym well apply
Bothe to conteyue/and eke to translate
And of bertue/euer in especyally
For he dyde compyle than full nyally
Of our blyssed lady/the conuersacyon
Saynt Edmundes lyfe/martred with treason

Of the fall of pryncres/so ryght wofully
He dyde endyte/in all pytous wyse
Folowynge his auctour/Bocas rufully
A ryght grete boke/he dyde truely compryse
A good ensample/for vs to dyspyse
This worlde so full/of mutabylyte
In whiche no man/can haue a certaynte
    Pleasure.   C.iiii.

And thre reasons/ryght gretely prouffytable
Under couloure/he cloked craftely
And of the chorle/he made the fable
That shytte the byrde/in a cage so closely
The pamflete sheweth it expressely
He fayned also/the court of sapyence
And translated/with all his dylygence

The grete boke/of the last dystruccyon
Of the cyte of Troye/whylome so famous
How for woman/was the confusyon
And bytwene vertue/and the lyfe vycyous
Of goddes and goddes/a boke solacyous
He dyde compyle/and the tyme to passe
Of loue he made/the bryght temple of glasse

Were not these thre/gretely to commende
Whiche them applyed suche bokes to contryue
Whose famous draughtes no man can amende
The syme of slothe they dyde frome them dryue
After theyr dethe for to abyde onlyue
In worthy fame by many a nacyon
Theyr bokes/theyr actes do make relacyon

O mayster Lydgate/the moste dulcet sprynge
Of famous rethoryke/with balade ryall
The chefe orygynall of my lernynge
What bayleth it/on you for to call
Me for to ayde/now in especyally
Sythen your body/is now wrapte in cheste
I praye god/to gyue your soule good rest

O what losse is it/of suche a one

It is to grete truely/me for to tell
Sythen the tyme/that his lyfe was gone
In all this realme/his pere dyde not dwell
Aboue all other/he dyde so excell
None syth his tyme/art wolde succede
After theyr deth/to haue fame for theyr mede

But many a one/is ryght well experte
In this connynge/but vpon auctoryte
They fayne no fables/pleasaunt and couerte
But spende theyr tyme/in vaynfull vanyte
Makynge balades/of feruent amyte
As gestes and tryfles/without fruytfulnes
Thus all in vayne/they spende theyr besynes

I lytell or nought/expert in poetry
Of my mayster Lydgate/wyll folowe the trace
As euermore/so his name to magnyfy
With suche lytell bokes/by goddes grace
Yf in this worlde/I maye haue the space
The lytell connynge/that his grace me sent
In tyme amonge/in suche wyse shall be spent

And yet nothynge/vpon presumpcyon
My mayster Lydgate/I wyll not enuy
But all onely/is myne intencyon
With suche labour/my selfe to occupy
As whyte by blacke/doth shyne more clerely
So shall theyr maters/appere more pleasaunt
Byfyde my draughtes/rude and ygnoraunt

Ca.xb.

Now in my boke/ferder to procede
To a chambre I went/replete with ryches

Where sat arysmetryke/in a golden wede
Lyke a lady pure/and of grete worthynes
The walles about/dyde full well expres
With golde depaynted/euery perfyte nombre
To adde/detraye/and to deuyde asonder

The rose was paynted/with golden beames
The wyndowes crystall/clerely claryfyde
The golden rayes/and depured streames
Of radyant Phebus/that was puryfyde
Ryght in the bull/that tyme so domyfyde
Thrughe wyndowes/was resplendysshaunt
About the chambre/fayre and radyaũt

I kneled downe/ryght soone on my kne
And to her I sayd/o lady meruaylous
I ryght humbly beseche your mageste
Your arte to sheare/me so facundyous
Whiche is defuse/and ryght fallacyous
But I shall so apply myne exercyse
That the vary trouth/I shall well deuyse

My scyence sayde/she is ryght necessary
And in the myddes/of the scyences all
It is now sette/ryght well and parfytely
For vnto them/it is so specyall
Nombrynge so theyr werkes in generall
Without me/they had no perfytenes
I must them nombre/alwaye doubteles

Without nombre/is no maner of thynge
That in our syght/we maye well se
For god made all the begynnynge
In nombre perfyte/well incertaynte
Who knewe arsmetryke/in euery degre
All maner nombre/in his mynde were had

Bothe to detraye/and to deuyde and adde
But who wyll knowe/all the expery ence
It behoueth hym/to haue grete lernynge
In many thynges/with true intellygence
Or that he can haue perfyte rekenynge
In euery nombre/by expert connynge
To reherse in englysshe/more of this scyence
It were foly/and eke grete neclygence
¶ I thought full longe tyll I hadde a syght
Of la bell pucell/the most fayre lady
My mynde vpon her was/both daye and nyght
The feruent loue/so perst me inwardly
Wherfore I went/anone ryght shortly
Vnto the toure/swete and melodyous
Of dame musyke/so gaye and gloryous

Whan splendent Phebus / in his myddaye spere
Was hyght in gemyne/in the fresshe season
Of lusty maye/with golden beames clere
And derke Dyane/made declynacyon
Whan Flora florysshed in this nacyon
I called vnto mynde/ryght inwardly
The reporte of fame/somoche ententysly
¶ Of la bell pucell/in the toure musycall
And ryght anone/vnto the toure I went
Where I sawe a temple/made of crystall
In whiche musyke/the lady excellent
Played on base organs expedyent
Accordynge well/vnto dyopason
Dyapenthe/and eke dyetesseron
¶ In this temple was/grete solempnyte
And of moche people/there was grete prease
I loked aboute/whether I coude se

La bell pucell/my langour to ceaſe
I coude not ſe her/my payne dyde encreaſe
Tyll that I ſpyed her/aboue/in a vaut
Whiche to my hert/dyde make ſo ſoꝛe aſſaut

With her beaute clere/and ſwete countenaunce
The ſtroke of loue/I coude nothynge reſyſt
And anone/without lenger cyꝛcumſtaunce
To her I went/oꝛ that her perſone wyſte
Her thought I knewe not/ſhe thought as ſhe lyſte
By her I ſtode/with hert ſoꝛe and faynt
And dyde my ſelfe/with her ſoone acquaynt

The comyn wyt/dyde full lytell regarde
Of dame muſyke/the dulcet armony
The eres herde not/foꝛ the mynde inwarde
Uenns had rapte/and taken feruently
Ymagynacyon/wꝛought full pꝛyuely
The fantaſy gaue/perſyte Iugement
Alway to to her/foꝛ to be obedyent

By eſtymacyon/moche doubtfully I caſt
Wheder I ſhoulde/by longe tyme and ſpace
Atteyne her loue/oꝛ elles to loue in waſt
My hert ſobbed/and quaked in this cace
I ſtode by her/ryght nere in the place
With many other/fayꝛe ladyes alſo
But ſo fayꝛe as ſhe/I neuer ſawe no mo

The feeſt done/dame muſyke dyde go
She folowed after/and ſhe wolde not tary
Farewell ſhe ſayde/foꝛ I muſt parte you fro
Alas thought I/that foꝛtune doth ſo vary
My ſadde body/my heuy hert dyde cary
I coude not ſpeke/my hert was nere bꝛoken

Out with my heed/J made her a token

whan she was gone/inwardly than wrought
Upon her beaute/my mynde retentyfe
Her goodly fygure/J graued in my thought
Excepte her selfe/all were expulcyfe
My mynde to her/was so ententyfe
That J folowed her/into a temple ferre
Replete with Joye/as bryght as ony sterre

where dulcet Flora/her aromatyke dewe
In the fayre temple/adowne dyde dystyll
Abrode/the fayre dropes dyde shewe
Encensynge out/all the vapours yll
with suche a swetenes/Flora dyde fulfyll
All the temple/that my gowne well shewed
The lycoure swete/of the droppes endewed

And so to a chambre/full solacyous
Dame musyke wente/with labell pucell
All of Jasper/with stones precyous
The rose was wrought/curyously and well
The wyndowes glased/meruaylously to tell
with clothe of tyssue/in the rychest maner
The walles were hanged/hye and cyrculer

There sate dame musyke/with all her mynstralsy
As taboures/trumpettes/with pypes melodyous
Sakbuttes/organs/and the recorder swetely
Harpes/lutes/and crouddes ryght delycyous
Clypphans/doussemers/w clarycymbales gloryous
Rebeckes/clarycordes/eche in theyr degre
Dyde sytte aboute/theyr ladyes mageste

Before dame musyke/I dyde knele adowne
Sayenge to her/o fayre lady pleasaunt
Your prudence reyneth/most hye in renowne
For you be euer/ryght concordaunt
With perfyte reason/whiche is not varpaunt
I beseche your grace/with all my dylygence
To instructe me/in your noble scyence

It is she sayde/ryght gretely prouffytable
For musyke doth sette/in all vnyte
The dyscorde thynges/whiche are varyable
And deuoydeth myschefe/and grete inyquyte
Where lacketh musyke/there is no pleynte
For musyke is concorde/and also peace
Nothynge without musyke/maye well encreace

The. vii. scyences/in one monacorde
Eche vp on other/do full well depende
Musyke hath them/so set in concorde
That all in one/maye ryght well extende
All perfyte reason/they do so comprehende
That they are waye/and perfyte doctryne
To the Ioye aboue/whiche is celestyne

And yet also/the perfyte physyke
Whiche appertayneth well to the body
Doth well resemble/vnto the musyke
Whan the inwarde intrayles/tourneth contrary
That nature can not/werke dyrectly
Than doth phesyke/the partes interpall
In ordre set/to theyr orygynall

But yet physyke/can not be lyberall

As the. vii. scyence / by good auctozyte
Whiche ledeth the soule / the waye in specyall
By good doctryne / to dame eternyte
Onely of physyke / it is the propzycte
To ayde the body / in euery sekenes
That is ryght frayle / and full of bzyttylnes

And bycause physyke / is apendant
Unto the body / by helpe of medycene
And to the soule / nothynge appoztenaunt
To cause the body / foz to enclyne
In eternall helthe / so the soule to dompne
Foz to the body / the scyence seuen
Doth teche to lede / the soule to heuen

And musyke selfe it is melodyous
To reioyce the peres / and confozt the bzayne
Sharpynge the wyttes / with sounde solacyous
Deuopdynge bad thoughtes / whiche dyde remayne
It gladdeth the herte / also well certayne
Lengthe the lyfe / with dulcet armony
As is good recreacyon / after study

She comaunded her mynstrelles / ryght anone to play
Mamours the swete / and the gentyll daunce
With la bell pucell / that was fayze and gaye
She me recommaunded / with all pleasaunce
To daunce true mesures / without baryaunce
O lozde god / how glad than was I
So foz to daunce / with my swete lady

By her propze hande / soft as ony sylke
With due obeysaunce / I dyde her than take

Her skynne was whyte/as whalles bone oz mylke
My thoughtes was raupsshed/J myght not aslake
My bzennynge hert/she the fyze dyde make
These daunces truely/musyke hath me tought
To lute oz daunce/but it auapled nought

Foz the fyze kyndled/and waxed moze and moze
The dauncynge blewe it/with her beaute clere
My hert sekened/and began waxe soze
A mynute.bi.houres/and.bi.houres a yere
J thought it was/so heup was my chere
But yet foz to couer/my grete loue aryght
The outwarde coutenauce/J made gladde and lygh

And foz fere myne eyes/shoulde myne hert bewzaye
J toke my leue/and to a temple went
And all alone/J to my selfe dyde saye
Alas what fortune/hath me hyder sent
To deuoyde my Joye/and my hert tourment
No man can tell/how grete a payne it is
But yf he wyll fele it/as J do pwys

Alas o lady/how cruell arte thou
Of pytous doloure/foz to buylde a nest
Jn my true herte/as thou dost ryght now
Yet of all ladyes/J must loue the best
Thy beaute therto/dyde me sure arest
Alas with loue/whan that it doth the please
Thou mayst cease my care/and my payne soone ease

Alas how soze/maye J now bewaple
The pyteous chaunce/whiche dyde me happe
My ladyes lokes/dyde me so assaple

That sodaynly/my herte was in a trappe
By Uenus caught/and with so sore a clappe
That throughe/the grete stroke dyde perse
Alas for wo/I coude not reuerse

Farewe all Joye/and all perfyte pleasure
Fare well my lust/and my lykynge
For wo is comen/with me to endure
Now must I lede/my lyfe in mornynge
I maye not lute/or yet daunce/or synge
O la bell pucell/my lad gloryous
you are the cause/that I am so dolorous

Alas fayre lady/and myne owne swete herte
With my serupce/I yelde me to your wyll
you haue me fettred/I maye not asterse
At your pleasure/ye maye me saue or kyll
Bycause I loue you/wyll you now me spyll
Alas it were a pytous cace in dede
That you with deth/shoulde rewarde my mede

La/that I am ryght wo bygone
For I of loue/dare not to you speke
For fere of nay/that maye encrease my mone
A naye of you myght/cause my herte to breke
Alas I wretche/and yet vnhappy peke
Into suche trouble/mysery and thought
With syght of you/I am in to it brought

And to my selfe/as I made complaynte
I spyed a man/ryght nere me beforne
Whiche ryght anone/dyde with me acquaynt
Me thynke he sayde/that ye are nere forlorne
    Pleasure.   f.i.

With inwarde payne/that your hert hath borne
Be not to pensyfe/call to mynde agayne
How of one sorowe/ye do now make twayne

Myne inwarde sorowe/ye begyn to double
Go your waye quod I/for ye can not me ayde
Tell me he sayde/the cause of my trouble
And of me now/be nothynge afrayde
Methynke that sorowe/hath you ouerlayde
Dryue of no lenger/but tell me your mynde
It maye me happe a remedy to fynde

Ia quod I/it bayleth not your speche
I wyll with you/neuer haue medlynge
Let me alone/the most vnhappy wretche
Of all the wretches/that is yet lyuynge
Suche is the chaunce/of my bewaylynge
Go on your waye/you are nothynge the better
To me to speke/to make the sorowe gretter

Forsothe he sayde/remembre thynges thre
The fyrste is/that ye maye sorowe longe
Unto yourselfe/or that ye apeded be
And secondly/in grete paynes stronge
To muse alone/it myght tourne you to wronge
The thyrde is it myght/you well ease truely
To tell your mynde/to a freude ryght trusty

It is a Iewell/of a frende of trust
Is at your nede/to tell the secretenes
Of all your payns/and feruent lust
His counseyle soone/maye helpe and redres
Youre paynfull wo/and mortall heuynesse

Alone is nought/for to thynke and muse
Therfore good sone/do me not refuse

And syth that you are/plunged all in thought
Beware the pyt/of doloros dyspayre
So to complayne/it vayleth you ryght nought
It maye so fortune/ye loue a lady fayre
Whiche to loue you/wyll nothynge repayre
Or elles ye haue lost/grete londe or substaunce
By fatall chaunge/of fortunes ordynaunce

Tell me the cause/though that it be so
In cause you loue/I knowe it by experyence
It is a payne/engendrynge grete wo
And harde it is/for to make resystence
Agaynst suche loue/of feruent vyolence
The loue is dredefull/but neuertheles
There is no sore/nor yet no sykenes

But there is a salue/and remedy therfore
So for your payne/and your sorowe grete
Councell is medycyne/whiche maye you restore
Unto your desyre/without ony let
Yf ye wyll tell me/where your herte is sette
In the chayre of sorowe/no grete doubte it is
To fynde a remedy/for your payne ywys

A physycyen truely/can lytell decerne
Ony maner sekenes/without syght of vryne
No more can I/by good counseyle you lerne
A suche wofull trouble/for to determyne
But yf you mekely/wyll to me enclyne
To tell the cause/of your grete greuousnesse
    Pleasure,   F.ii.

Of youre inwarde trouble/and wofull sadnes

Than I began/with all my dylygence
To here hym speke/so grounded on reason
And in my mynde/dyde make aduertence
How it was holsome/in trybulacyon
To saue a good/and a true companyon
For to knowe my sorowe/and wofull grefe
It myght me confort/and ryght well relefe

And of hym than/I asked this questyon
What was his name/I prayde hym me tell
Counseyle quod he/the whiche solucyon
In my wofull mynde/I lyked ryght well
And pryuely I dyde/his lesson spell
Sayenge to hym/my chaunce and destyny
Of all other/is the most vnhappy

Why so quod he/thoughe fortune be straunge
To you a whyle/tornynge of her face
Her lourynge chere/she maye ryght soone chaunge
And you accepte/and call vnto her grace
Dyspayre you not/for in good tyme and space
Nothynge there is/but wysdome maye it wynne
To tell your mynde/I praye you to begynne

Unto you quod I/with all my hole assent
I wyll tell you trouthe/and you wyll not bewraye
Unto none other/my mater and entent
Nay naye quod he/you shall not se that daye
Your hole affyaunce/and trust ye well ye maye
In to me put/for I shall not vary
But kepe your counseyle/as a secretary

And than to hym/in the maner folowynge
I dyde complayne/with syghynge teres depe
Alas qnod I/you shall haue knowlegynge
Of my heuy chaunce/that causeth me to wepe
So wo I am/that I can neuer slepe
But walowe and tumble/in the trappe of care
My herte was caught/or that I was ware

It happened so/that in a temple olde
By the toure of musyke/at grete solemnyte
Labell pucell/I dyde ryght well beholde
Whose beaute clere/and grete humylyte
To my herte dyde caste/the darte of amyte
After whiche stroke/so harde and feruent
To her excellence/I came incontynent

Beholdynge her chere/and louely countenaunce
Her garmentes ryche/and her propre stature
I regestered/well in my remembraunce
That I neuer sawe/so fayre a creature
So well sauourdly/create by nature
That harde it is/for to wryte with ynke
Al her beaute/or ony hert to thynke

Fayrer she was/than was quene Elyne
Proserpyne/Cresyde/or petypolyte
Medea/Dydo/or yonge Polexyne
Alcumena/or quene Menelape
Or yet dame rosamounde/in certaynte
None of all these/can haue the premynence
To be compared/to her hyghe excellence

Durynge the feest/I stode her nere by
    Pleasure.   I.iii.

But than he beaute/encreased my payne
I coude nothynge/resyste the contrary
She wrapte my herte/in a brennynge chayne
To the musycall toure/she went than agayne
I wente after/I coude not be behynde
The chayne she haled/whiche my hert dyde bynde

Tyll that we came/in to a chambre gaye
Where that musyke/with all her mynstralsy
Dyuers base daunces/moost swetely dyde playe
That them to here/it was grete melody
And dame musyke/commaunded curteysly
La bell pucell/with me than to daunce
Whome that I toke/with all my pleasaunce

By her swete honde/begynnynge the trace
And longe dyde daunce/tyll that I myght not hyde
The paynfull loue/whiche dyde my herte enbrace
Bycause wherof/I toke my leue that tyde
And to this temple/where I do abyde
Forthe than I went/alone to bewayle
My mortall sorowe/without ony fayle

Now haue I tolde you/all the beraye trouthe
Of my wofull chaunce/and grete vnhappynesse
I praye you nothynge/with me to be wrothe
Whiche am drowned/in carefull wretchednesse
By fortune plunged/full of doublenes
A a sayde counseyle/doubte ye neuer a dele
But your dysease/I shall by wysdome hele

Remembre you/that neuer yet was he
That in this worlde/dyde lede all his lyfe

In Joye and pleasure/without aduersyte
No worldly thynge/can be without stryfe
for vnto pleasure/payne is affyrmatyfe
Who wyll haue pleasure/phe must fyrste apply
To take tge payne/with his cure besely

To deserue the Joye/whiche after deth ensue
Rewardynge payne/for the grete besynesse
No doubte your lady/wyll vpon you rue
Seynge you apply/all your gentylnes
To do her pleasure/and seruyse doubtles
Harde is herte/that no loue hath felte
Nor for no loue/wyll than enclyne and melte

Remembre ye/that in olde antyqupte
How worthy Troylus/the myghty champyon
What payne he suffred/by grete extremyte
Offeruent loue/by a grete longe season
for his lady Cresyde/by grete trybulacyon
After his sorowe/had not he grete Joye
Of his lady/the fayrest of all Troye

And the famous knyghte/yclypped Ponthus
Whiche loued Sydoyne/so moche entyerly
What payne had he/and what care dolorous
For his lady/with loue so meruaylously
Was not her hert/wounded ryght wofully
After his payne/his lady dyde her cure
To do hym Joye/honoure and pleasure

Who was with loue/more wofully arayde
Than were these twayne/and many other mo
The power of loue/hath them so asayde

That and I lyſte/I coude not reherſe alſo
To whome true loue/hath wrought mykell wo
And at the ende/haue hadde. theyr deſyre
Of all theyr ſorowe/for to quenche the fyre

Languyſſhe nomore/but plucke vp thyne herte
Exyle dyſpayre/and lyue a whyle in hope
And kepe your loue/all cloſe and couerte
It maye ſo fortune/that your lady grope
Somwhat of loue/for to drynke a ſope
Thoughe outwardly/ſhe dare not let you knowe
But at the laſte/as I beleue and trowe

She can not kepe it/ſo preuy and cloſe
But that ſomwhat/it ſhall to you appere
By countenaunce/how that her loue aroſe
yf that ſhe loue you/the loue it is ſo dere
Whan you come to her/ſhe wyll make you chere
With conntenaunce/accordynge vnto loue
Full pryuely for to come to her aboue

Sendynge of loue/the meſſangere before
Whiche is her eyes/with louely lokes ſwete
For to beholde you/than euermore and more
After the tyme/that you togyder mete
With louynge wordes/ſhe wyll you than grete
Sorowe nomore/for I thynge in my mynde
That at the laſte/ſhe wyll be good and kynde

Alas quod I/ſhe is of hye degre
Borne to grete londe/treaſure and ſubſtaunce
I fere to ſore/I ſhall dyſdayned be
The whiche wyll trouble/all my greuaunce

Her beaute is/the cause of my penaunce
I haue no grete lande/treasure and ryches
To wynne the fauoure/of her noblenesse

What thoughe quod he/drawe you not abacke
For she hath ynoughe/in her possessyon
For you both/for you shall neuer lacke
Yf that ye ordre it/by good reason
And so in perfyte consyderacyon
She wyll with loue/her grene flourynge age
Passe forth in Joye/pleasure and courage

Youth is alwaye/of the course ryght lyght
Hote and moyst/and full of lustynes
Moost of the ayre/it is ruled by ryght
And her complexyon/hath chefe intres
Upon sanguyn/the ayres holsomnes
She is not yet/in all aboue.xviii.yere
Of tendre age/to pleasure most dere

Golde or syluer/in ony maner of wyse
For sanguyne youthe/it is all contrary
So for to coueyte/for it doth aryse
Onely engendred/vpon the malencoly
Whiche is drye colde/and also erthely
In whiche the golde/is truely nutryfyde
Ferre from the ayre/so clerely puryfyde

Thus couetyse/shall nothynge surmount
Your yonge ladyes herte/but onely nature
Shall in her mynde/make her to account
The grete losse of youth/her specyall treasure
She knoweth she is/a ryght fayre creature
        Pleasure.   G.i.

No doubte it is/but yet pryuely amonge
So hye is nature/with his werkes stronge

That she of force/the mannes company
Muste well conuepte/for she maye not resyste
Damne natures werke/whiche is so secretely
Thoughe she be mayde/lette her saye what she lyst
She wolde haue man/thoughe no man it wyst
To make her Ioye/whan nature doth agre
Her thought is hers/it is vnto her fre

Who spareth to speke/he spareth to spede
I shall prouyde for you conuenyente
A gentyll tyme/for to attayne your mede
That you shall go/to your lady excellent
And ryght before take good aduysement
Of all the mater/that ye wyll her shewe
Upon good reason/and in wordes fewe

Thus past we tyme/in communycacyon
The after none/with many a sentement
And what for loue/was best conclusyon
We demed oft/and gaue a Iugement
Tyll that in the euen/was refulgent
Fayre golden Mercury/with his beames bryght
Aboute the ayre castynge/his pured lyght

Them to a chambre/swete and precyous
Councell me ledde/for to take my reste
The nyght was wete/and also tenchryous
But I my selfe/with sorowe opprest
Dyde often muse/what was for me best
Unto my fayre lady/for to tell or saye

And all my drede was/for fere of a naye

Though that my bedde/was easy and softe
yet dyde I tomble/I myght not lye styll
On euery syde/I tourned me full ofte
Upon the loue/I hadde so sette my wyll
Longynge ryght sore/my mynde to fulfyll
I called counseyle/and prayed hym to wake
To gyue me counseyle/what were best to take

Ha ha quod he/loue doth you so prycke
That yet your herte/wyll nothynge be eased
But euermore/be feble and syke
Tyll that our lady/hath it well appesed
Thoughe ye thynke longe/yet ye shall be pleased
I wolde quod I/that it were as ye saye
Fye fye quod he/dryue suche dyspayre awaye

And lyue in hope/whiche shall do you good
Joye cometh after/whan the payne is paste
Be ye pacyent/and sobre in mode
To wepe and wayle/all is for you in wast
Was neuer payne/but it hadde Joye at laste
In the fayre morowe/ryse and make you redy
It.ix.at the clocke/the tyme is necessary

For vs to walke/vnto youre lady gent
The bodyes aboue/be than well domyfyde
To helpe vs forwarde/without impedyment
Loke what ye saye/loke it be deryfyde
Frome perfyt reason/well exemplyfyde
Forsake her not/thought that she saye naye
I womans guyse/is euermore to delaye
　　　Pleasure.　　　　　　　　　　　　G.ii.

No castell can be/or so grete a strength
Yf that there be/a sure syege to it layde
It muste yelde vp/or elles me be wonne at lengt
Though that tofore/it bathe ben longe delayde
So contynuaunce/maye you ryght well ayde
Some womans herte/can not so harded be
But besy labour/maye make it agre

Labour and dylygence/is full meruaylous
Whiche bryngeth a louer to his promocyon
Nothynge to loue/is more desyrous
Than instaunt labour/and delectacyon
The harded hert/it gyueth occasyon
For to consyder/how that her seruaunt
To obtayne her loue/is so attendaunt

Thus all in comynynge/we the nyght dyde passe
Tyll in the ayre/with cloudes fayre and rede
Rysyn was Phebus/shynynge in the glasse
In the chambre/his golden rayes were sprede
And dyane derlynynge/pale as ony lede
Whan the lytell byrdes/swetely dyde synge
With tunes musycall/in the fayre mornynge

⸿ Of the dolorous/and lowly dysputacyon bytwene
bell Pucell and graunde Amoure. Ca.   xviii.

Ꝏuncell and I/than rofe full quyckely
And made vs redy/on our waye to walke
In your clenly wede/apparayled propzely
What I wolde faye/I dyde vnto hym talke
Tyll on his boke/he began to calke
How the fonne entred was in Gemyne
And eke Dyane/full of mutabylyte

Entred the Crabbe/her propze mancyon
    Pleafure.   G.iii.

Than ryght amyddes/of the dragons heed
And Uenus/and she made coniuncyon
Frome her combust wayz/she hadde her so sped
She had no let/that was to be dredde
The assured ayze/was depaynted clere
With golden beames/of fayze Phebus spere

Than forth so went/good councepll and I
At. bi. at clocke/vnto a garden fayze
By musykes toure/walled most goodly
Where la bell pucell/vsed to repayze
In the swete moznynge/foz to take the ayze
Amonge the floures/of aromatyke fume
The mdsty ayze/to exple and consume

And at the gate/we mette the poztresse
That was ryght gentpll/and called curteypsy
Whiche salued vs/with wozdes of mekenesse
And axed vs/the beraye cause and why
Of our comynge/to the gardeyne sothel
Truely sayde we/foz nothynge but well
A lytell to speke/with la bell pucell

Truely quod she/in the garden grene
Of many a swete/and soundzy floure
She maketh a garlonde/that is beraye shene
With trueloues/wzought in many a coloure
Replete with swetenes/and dulcet odoure
And all alone/withouten company
Amyddes an herber/she sytteth plesaunty

Now stande you styll/foz a lytell space
I wpll lette her/of you haue knowlegynge
I remedp swete lady/of my herte
It is youre owne/it can nothynge asterte

And ryght anone/she went to her grace
Tellynge her than/how we were comynge
To speke with her/gretely desyrynge
Truely she sayde/I am ryght well contente
Ofthyer comynge/to knowe the hole entent

Then good curteysy/without taryenge
Came vnto vs/with all her dylygence
Prayenge vs/to take our entrynge
And come vnto the ladyes presence
To tell your erande/to her excellence
Than in we went/to the gardyn gloryous
Lyke to a place/of pleasure moost solacyous

With flora paynted/and wrought curyously
In dyuers knottes/of meruaylons gretenes
Rampande Lyons/stode vp wondersly
Made all of herbes/with dulcet swetenes
With many dragons/of meruaylous lykenes
Ofdyuers floures/made full craftely
By flora couloured/with colours sundry

Amyddes the garden/so moche delectably
There was an herber/fayre and quadrante
To paradyse/ryght well comparable
Sette all aboute/with floures flagraunt
And in the myddle/there was resplendysshaune
I dulcet sprynge/and meruaylons fountayne
Of golde and asure/made all certayne

In wonderfull/and curyous symplytude
There stode a dragon/of fyne golde so pure
Vpon his tayle/of myghty fortytude
    Pleasure.   G.iii.

Wrethed and skaled all with asure
Hauynge thre hedes/dyuers in fygure
Whiche in a bath/of the sylu. grette
Spouted the water/that was so dulcette

Besyde whiche fountayne/the most fayre lady
La bell pucell/was gayly syttynge
Of many floures/fayre and ryally
A goodly chaplet/she was in makynge
Her heer was downe/so clerely shynynge
Lyke to the golde/late puryfyde with fyre
Her heer was bryght/as the drawen wyre

Lyke to a lady/for to be ryght trewe
She ware a fayre/and goodly garment
Of most fyue beluet/all of Indy blewe
With armynes powdred/bordred at the vent
On her fayre handes/as was conuenyent
A payre of gloues/ryght sclender and soft
In approchynge nere/I dyde beholde her oft

And whan that I came/before her presence
Unto the grounde/I dyde knele adowne
Sayenge O lady/moost fayre of excellence
O sterre so clere/of bertuous renowne
Whose beaute fayre/in euery realme and towne
Indued with grace/and also goodnes
Dame fame the her selfe/dooth euermore expresse
                    Amoure.
Please it your grace/for to gyue audyence
Unto my wofull/and pytous complaynt
How feruent loue/without respstence
My carefull herte/hath made lowe and faynte

And you therof/are the hole constraynt
your beaute truely/hath me fettred faste
without youre helpe/my lyfe is nerehande past

Pucell.

Stande vp quod she/I meruayle of this cace
What sodayne loue/hath you so arayde
With so grete payne/youre herte to enbrace
And why for me/ye shoulde be so dysmayde
Is of your lyfe/ye nede not to be afrayde
for ye of me/now haue no greter awe
But whan ye lyste/ye maye your loue withdrawe

Amoure.

Than stode I vp/and ryght so dyde she
Alas I sayde than/my herte is so sette
That it is youres/it maye none other be
yourselfe hath caught it in so sure a nette
That yf that I maye not/your fauour gette
No doubte it is/the grete payne of loue
Maye not aswage/tyll deth it remoue

Pucell.

Truely quod she/I am obedyent
Unto my frendes/whiche do me so guyde
They shall me rule/as is conuenyent
In the snare of loue/I wyll nothynge slyde
My chaunce or fortune/I wyll yet abyde
I thanke you/for your loue ryght humbly
But I your cause/can nothynge remedy

Amoure

Alas madame/yf I haue enterprysed
A thynge to hye truely/for my degre
All that causes/whiche I haue commysed
Hath ben on fortunes gentyll vnyte
Trustynge truely/that she wolde fauour me

In this case/wherfore now excuse
Youre humble seruaunte/and not me refuse

Ha ha/what bayleth all your flatery
Your fayned wozdes/shall not me appese
To make myne herte/to enclyne inwardly
Foz I myselfe/now do nothynge suppose
But foz to pzoue me/you flater and glose
You shall not dye/as longe vs you speke
There is no loue/can cause your herte to bzeke

I wolde madame/ye hadde pzrrogatyue
To knewe the pzeuyte/of my perfyte mynde
How all in payne/I lede my wofull lyue
Than as I trowe/ye wolde not be vnkynde
But that some grace/I myght in you fynde
To cause myne herte/whiche you fetred sure
With bzennynge cheynes/suche wo to endure

By veraye reason/I maye gyue Iugement
That it is guyse/of you euerychone
To fayne you seke/with subtyll argumente
Whan to youre lady/ye lyst to make youre mone
But of you true/is there fewe oz none
Foz all your payne/and wozdes eloquent
With dame repentaunce/I wyll not be shent

O swete madame/now all my desteny
Unhap and happy/vpon you doth growe
Yf that you call me vnto your mercy
Of all happy the most happy I trowe

Than shall I be/of hye degre or lowe
And yf ye lyste/so me than to forsake
Of all vnhappy/none shall be my make
Pucell.

your fortune on me/is not more applyed
Than vpon other/for my mynde is fre
I haue your purpose/oft ynoughe denyed
you knowe your answere/now certaynte
What nede your wordes/of curposyte
Wowe here nomore/for you shall not spede
Go loue an other/where ye maye haue mede
Amoure.

That shall I not/thoughe that I contynewe
All my lyfe/in payne and heuynes
I shall not chaunge you/for none other newe
you are my lady/you are my maysteres
Whome I shall serue/with all my gentylnes
Exyle hym neuer/frome your herte so dere
Whiche vnto his/hath sette you most nere
Pucel.

The mynde of men/chaungeth as the mone
yf you mete one/whiche is fayre and bryght
ye loue her best/tyll he se ryght soone
An other fayrer/vnto your owne syght
Vnto her than/youre mynde is tourned ryght
Truely your loue/thoughe ye make it straunge
I knowe full well/ye wyll it often chaunge
Amoure.

Alas madame/now the bryght lodes sterre
Of my true herte/where euer I go or ryde
Thoughe that my body/be frome you aferr
yet my herte onely/shall with you abyde
Whan than you lyste/ye maye for me prouyde

Naye truly/it can nothynge be myne
For I therof/take no possessyon
Your hert is your/by substancyall lyne
It is not in my domynacyon
Loue where ye lyst/at euery season
Your hert is fre/I do not it accepte
It is your owne/I haue it neuer kepte

Amoure.

Alas madame/ye maye saye as ye lyste
With your beaute/ye toke myne herte in snare
Youre louely lokes/I coude not resyst
Your bertuous maner/encreaseth my care
That of all Ioye/I am deuoyde and bare
I se you ryght often/as I am a slepe
And whan I wake/do sygh with teres depe

Pucell.

So grete deceyte/amonge men there is
That harde it is/to fynde one full stable
Ye are so subtyll/and so false ywys
Youre grete deceyte/is nothynge commendable
In storyes olde/it is well probable
How many ladyes/hath ben ryght falsely
With men deceyued/yll and subtylly

Amoure.

O good madame/though that they abused
Them to theyr ladyes/in theyr grete deceyte
Yet am I true/let me not be refused
Ye haue me taken/With so fayre a bayte
That ye shall neuer/out of my conceyte
I can not wrynche/by no wyle nor Croke
My herte is fast/vpon so sure a hoke

Pucell.

Ye so sayde they/tyll that they hadde theyr wyll

Theyr wyll accomplysshed/they dyde fle at large
for men saye well/but they thynke full yll
Though outwarde swetenes/your tōge doth enlarge
Yet of your hert/I neuer can haue charge
for men do loue/as I am ryght sure
Now one now other/after theyr pleasure

Amoure.

All that madame/I knewe ryght perfytely
Some men there be/of that condycyon
That them delyte/often in nouelry
And many also/loue perfeccyon
I cast all suche/nouelles in abieccyon
My loue is sette/vpon a perfyte grounde
No falsed in me/truely shall be founde

Pucell.

Ye saye full well/yf ye meane the same
But I in you/can haue no confydence
I thynke rygyt well/that it is no game
To loue vnloued/with percynge influence
You shall in me synde/no suche neclygence
To graunt you loue/for ye are vnthryfty
As two or thre/to me doth specyfy

Amoure.

Was neuer louer/without enmyes thre
As enuy malyce/and perturbaunce
Theyr tonges are poyson/vnto a myte
What man onlyue/can vse suche gouernaunce
To attayne the fauoure/withouten varyaunce
Of euery persone/but ryght pryuely
Behynd his backe/some sayth vnhappely

Pucell.

Trouthe it is/but yet in this cace
Your loue and myne/is full ferre asondre

But thoughe that I do/your herte so race
yf I drede you/it is therof no wondre
With my frendes/ I am so sore kepte vnder
I dare not loue/but as they accorde
They thynke to wedde me/to a myghtylorde

Amoure.

I knowe madame/that your frendes all
Unto me sure/wyll be contraryous
But what for that/your selfe in specyall
Remembre there is/no loue so Joyous
As is youre owne to you most precyous
Wyll you gyue your youthe/and your flourynge aege
To them/agaynst your mynde in maryage

Pucell.

Agaynst my mynde/of that were I lothe
To wed for fere/as them to obey
yet had I leuer/they were somwhat wrothe
For I my selfe/do bere the locke and kaye
yet of my mynde/and wyll do many adaye
Myne owne I am/what that I lyste to do
I stande vntyed/there is no Joye therto

Amoure.

O swete lady/the good perfyte sterre
Of my true herte/take ye now pyte
Thynke on my payne/whiche am tofore you here
With youre swete eyes. beholde you and se
How thought and wo/by grete extremyte
Hath chaunged my hue/in to pale and wanne
It was not so/whan I to loue began

Pucell.

So me thynke/it doth ryght well appere
By your colour/that loue hath done you wo
Your heuy countenaunce/and your dolefull chere

hath loue such myght/for to araye you so
In so short a space/J meruayle moche also
That ye wolde loue me/so sure in certayne
Before ye knewe/that J wolde loue agayne

Amoure.

My good dere herte/it is no meruayle why
Your beaute clere/and louely lokes swete
My hert dyde perce/with loue so sodaynly
At the fyrste tyme/that J dyde you mete
In the olde temple/whan J dyde you grete
Youre beaute my herte/so surely assayde
That syth that tyme/it hath to you obayde

Ca.rir.

Our wo & payne/& all your languysshynge
Contynually/ye shall not spende in vayne
Sythen J am cause/of your grete mornynge
Nothynge exyle you/shall J by dysdayae
Your hert and myne/shall neuer parte in twayne
Thoughe at the fyrste/J wolde not condescende
It was for fere/ye dyde some yll entende

Amoure.

With thought of yll/my mynde was neuer myxte
To you madame/but alwaye clene and pure
Both daye and nyght/vpon you hole perfyxte
But J my mynde/yet durst nothynge dyscure
Now for your sake/J dyde suche wo endure
Tyll now this houre/with dredefull hert so faynt
To you swete herte/J haue made my complaynt

J demed ofte you loued me before
By your demenour/J dyde it aspye
And in my mynde J Juged euermore
That at the laste/ye welde full secretly

Tell me your mynde/of loue ryght gentylly
As ye haue done/so my mercy to craue
In all worshyppe/you shall my true loue haue
Amoure.
O lorde god than/how Joyfull was I
She loked on me/with louely conntenaunce
I kyst her ones or twyes ryght swetely
Her depured bysake/replete with pleasaunce
Reioyced my herte/with amerous puruepaunce
O lady clere/that perste me at the rote
O floure of conforte/all my hele and bote

O gemme of bertue/and lady excellent
Aboue all other/in beauteous goodlynesse
O eyen bryght/os sterre refullgent
O profounde cause/of all my seksnesse
Now all my Joye/and all my gladnesse
Wolde god that we were/Joyned in one
In maryage before/this daye were gone
Pucell.
I a sayde she/ye must take paynes a whyle
I must departe/by the compulcyon
Of my frendes I wyll not you begyle
Though they me lede/to a ferre nacyon
My herte shall be/without baryacyon
With you present/in perfyte spkernesse
As true and stable/without doublenes

To me to come/is harde and daungerous
Whan I am there/for gyauntes vgly
With monstres also/blacke and tedyous
That by the waye/awayte full cruelly
For to dystroye you/yll and vtterly

whan I am there/foꝛ gyauntes vgly
With two monſtres/alſo blacke and tedyous
That by the waye/awayte full cruelly
foꝛ to deſtroye you/yll and vtterly
Whan you that waye/do take the paſſage
To attayne my loue/by hye aduauntage
                    Amoure.

All that madame/was to me certyſyde
By good dame fame/at the begynnynge
whan ſhe to me/of you well notyſyde
As ſhe came frome/the toure of lernynge
Of all ſuche enemyes/the myght excludynge
I pꝛomyſe vnto you/here full faythfully
whan I departe/frome dame aſtronomy

That I wyll to the toure of chyualry
And foꝛ youre ſake/become aduenturous
To ſubdue/all enmyes/to me contrary
That I maye after/be ryght Joyous
With you my lady/moſt ſwete and pꝛecyous
Wowoꝛth the cauſe of youre departynge
Whiche all my ſoꝛowes/is in renuynge

Alas what pleaſure/and eke without dyſpoꝛte
Shall I now haue/whan that be gone
Ha ha truely/now without good conſoꝛte
My doloꝛous herte/ſhall be lefte alone
Without your pꝛeſence/to me is none
foꝛ euery houre/I ſhall thynke a yere
Tyll foꝛtune bꝛynge me/vnto you moꝛe nere

Yet after you/I wyll not be ryght longe
but haſt me after/as faſt as I maye
In the toure of chyualry/I ſhall make me ſtronge
         Pleaſure.   H.i.

And after that passe/shortly on my waye
With dylygent laboure/on my Journey
Spyte of your enemyes/ I shall me so spede
That in short tyme/ye maye rewarde my mede

I thanke you quod she/with my hert entere
But yet with me/ye shall make couenaunt
As I to you/am ryght lefe and dere
Unto no persone/ye shall so aduaunte
That I to loue you/am so attendaunte
For ony thynge/your councell not bewraye
For that full soone/myght vs both betraye

And to tell me/ I praye you hertly
Yonder is counseyle/how were ye acquaynted
He is both honest/and true certaynly
Doth he not knowe/how your herte is faynted
With feruent loue/so surely attaynted
Yf he so do/yet I nothynge repent
He is so secrete/and true of entent

Truely madame/bycause ye are content
I shall you tell/how the mater was
Whan that youre beaute/clerely splendent
In to my herte/full wonderly dyde pas
Lyke as fayre Phebus/doth shyne in the glas
All alone/with inwarde care so rent
In to a temple forth on my waye I went

Where that I walked/plunged in the pytte
Of grete dyspayre/and he than me mette
Alas he sapde/me thynke ye lose your wytte
Tell me the trouthe now/without ony lette
Why ye demeane/suche mortall sorowe grette

A voyde quod I/you shall nothynge it knowe
you can not helpe me/in the case I trowe

But he suche reason/and fruytfull sentence
Dyde for hym laye/that I tolde hym all
Whan he it knewe/with all his dylygence
He dyde me conforte/than in specyall
Unto my mynde/he bad me to call
Who spareth to speke/he to spede doth spare
Go tell your lady/the cause of youre care

By whose counseyle/grounded in wysdome
To the entent/I shoulde spede the better
And ryght shortly/I dyde than to you come
But drede alwaye/made my sorowe greter
After grete payne/the Joyes is the swetter
For who that tasteth paynfull bytternes
The Joye to hym/is double swetenes

And ther with all/I dyde vnto her brynge
Councell my frende/and full ryght meke
Dyde hym receyue/as he was comynge
And of all thynges/she dyde hym beseke
After her partynge/the same weke
To hast me forwarde/to my Journeys ende
Therto quod I/I do well condyscende

Fare well quod she/I maye no lenger tary
My feendes wyll come/of that were I lothe
I shall retayne you in my memory
And they it knewe/they wolde with me be wrothe
To loue you best/I promyse you my trouthe
And than myne eyen/grete sorowe shewed
With teres salte/my chekes were endewed
    Pleasure.   H.ii.

Her eyes graye/began to loke ryght reed
Her gaye whyte colour/began for to pale
Upon her chekes/so the droppes were sprede
Whiche frome her eyen/began to aduale
Frome her swete herte/she dyde the syghes hale
Neuer before/as I trowe and wene
Was suche departynge/true louers betwene

We wyped our chekes/our sorowe to cloke
Outwardly sayinge/vs to be gladde and mery
That the people/sholde not perceyue the smoke
Of our hote fyre/to lyght the emyspery
Thoughe inwardly/with a stormy pery
The fyre was blowen/yet we dyde it couer
Bycause abrode/it sholde nothynge perceyuer

Out of the garden/to an hauen syde
Forth we went/where was a shyp ryght large
That taryed there/after the slopnge tyde
And so than dyde there/many a bote and barge
The shyp was grete/fyue.C.tonne to charge
La bell pucell/ryght anone me tolde
In yondre shyp/whiche that ye beholde

Forthe must I sayle/without longer delaye
It is full see/my frendes wyll come soone
Therfore I praye you/to go hens your waye
It draweth fast/now towarde the none
Madame quod I/your pleasure shall be done
With wofull herte/and grete syghes ofte
I kyssed her lyppes/that were swete and softe

She vnto me/nor I vnto her coude speke

And as of that/it was no grete wondre
Our hertes swelled/as that they shoulde brede
The fyre of loue/was so sore kepte vnder
whan I frome her/shoulde departe asondre
with her fayre heed/she dyde lowe enclyne
And in lykewyse/so dyde I with myne

¶ Of the grete sorowe that graunde Amoure made af
ter her departynge/and of the wordes of counceyle. Ca
pitulo. ☙☙☙☙☙☙☙☙ xx.

HEr frendes and she/on theyr waye they sayled
Alonge the hauen/god them saue and brynge
Unto the londe/I herde whan that they hayled
with a grete peale/of gunnes at theyr departynge
The meruaylous toure/of famous cunnynge
No gunne was shotte/but my herte dyde wepe
for her departynge/with wofull teres depe
                Pleasure.   H.iii.

Councell me comforted/as euer he myght
With many storyes/of olde antyqupte
Remembre he sayde/that neuer yet was ryght
That lyued alwaye/in grete tranquplyte
But that hym happed/some aduersyte
Than after that/whan the payne was paste
The double Joye/dyde comforte them at last

Ye nede nothynge/for to make grete dolour
Fortune to you/hath ben ryghte fauourable
Makynge you/to attayne the good sauour
Of your lady/so swete and amyable
No doubte it is/she is true and stable
And demeane you so/that in no wyse
No man perceyue/or of youre loue surmyse

Be hardy/fyers/and also coragyous
In all youre batayles/without febrnes
For ye shall be/ryght well vyctoryous
Of all youre enmyes/so full of subtylnes
Arme you with wysdome/for more surenes
Let wysdome werke/for she can stedfasty
In tyme of nede/resyste the contrary

Was neuer man/yet surely at the bayte
With sappence/but that he dyde repent
Who that is ruled/by her hygh estate
Of his after wytte/shall neuer be shent
She is to man ryght benyuolent
With walles sure/she doth hym fortyfye
Whan it is nede/to resyste a contrary

Was neuer place/where as she dyde guyde

With ennyes/brought to destruccyon
A remedy/she can so well proupde
To her hygh werke/is no comparyson
It hath so stronge/and sure fundacyon
Nothynge there is/that can it molyfy
So sure it is/agaynst a contrary

Of her alwayes/it is the perfyte guyse
To begynne nothynge of mutabylyte
Is is the warre/whiche maye soone aryse
And wyll not downe/it maye so stourdy be
The begynner oft/hath the inyquyte
Whan he began/wysdome dyde reply
In his grete nede/to resyste the contrary

The myghty pyrant/somtyme kynge of Troye
With all his Cyte/so well fortyfyed
Lytell regarded/all his welthe and Joye
Without wysdome/truely exemplyfyed
His propre deth/hymselfe he nutryfyde
Agaynst his warre/wysdome dyde reply
At his grete nede/to resyst the contrary

And where that wysdome/ruleth hardynes
Hardynes than is/euer inuyncyble
There maye nothynge/it vaynquysshe or oppres
For prudence is/so well intellygyble
To her there is/nothynge impossyble
Her grounded werke/is made so perfytely
That it must nedes/resyste the contrary

To wofull creatures/she is goodly leche
With her good syster/called pacyence

To the toure of Ioye/she doth them tell wethe
In the waye of hope without resystence
Who to her lyst/to applye his dylygence
She wyll hym bzynge/to wozshyp shoztly
That he shall well resyste the contrary

Ryght so let wysdome/youre sozowe surrende
And hye you fast/vnto dame geometry
And let no thought/in youre herte engendze
But after this/speke to Astronomye
And so frome thens/to the toure of chyualry
Wherof the wozthy kynge Melyzyus
You shall be made/soone knyght aduenturous

And fare you well/foz I must frome you go
To other louers/whiche are in dyspayze
As I dyde you/to consozt them also
It is grete nede/that I to them repayze
Habundant teres/theyz hertes do refleyze
Farewell quod I/my good frende so true
I wolde with me/ye myght alwaye ensue

Then agayne/I went to the toure melodyous
Of good dame musyke/my leue foz to take
And pzyuely/with these wozdes dolozous
I sayde o toure/thou mayst well aslake
Suche melody now/in the moze to make
The gemme is goone/of all famous pozte
That was chefe cause/of the grete consozte

Whylome thou was/the fayze toure of lyght
But now thou arte replete with derkenes
She is now gone/that shone in the so bzyght

Thou was somtyme the toure of gladnes
Now mayst thou be the toure of heuynes
for the chefe is gone of all thy melody
whose beauty clere made moost swete armony

The fayre carbuncle so full of clerenes
That in the truely dyde moost purely shyne
The perle of pyte replete with swetenes
The gentyll gylloser the goodly columbyne
The redolente plant of the dulcet vyne
The dede aromatyke may no more ensence
for she is so ferre out of thy presence

A/I truely in the tyme so past
Myne erande was the often for to se
Now for to entre I may be agast
whan thou arte hens the sterre of beaute
for all my delyte was to beholde the
stoure/toure all my Ioye is gone
In the to entre conforte is there none

So then inwardly my selfe bewaylynge
In the toure I wente in to the habytacle
Of dame mulyke where she was syngynge
The ballades swete in her fayre tabernacle
Alas thought I this is no spectacle
To sede myn eyen whiche are now all blynde
She is not here that I was wonte to fynde

Than of dame mulyke with all lowlynes
I dyde take my leue withouten taryenge
She thanked me with all her mekenes
And all alone fourth I went in usynge
        Pleasure.   J.s.

A/A quod I my loue and lykynge
Is nowe ferre hens on whome my hole delyght
Dayly was sette vpon her to haue syght

Fare well swete herte/fare well/farwell/fare well
Adieu/adieu I wolde I were you by
God gyue me grace with you soone to dwell
Lyke as I dyde for to se you dayly
Your lowly chere and gentyll company
Reioysed my herte with fode moost delycate
Myn eyen to se you were insacyate

Now good swete herte my lady and maystresse
I recommaunde me vnto your pyte
Besechynge you with all my gentylnesse
Yet other whyle to thynke vpon me
What payne I suffre by grete extrempte
And to pardone me of my rude wrytynge
For with wofull herte was myne endytynge.

SO forth I went vpon a craggy roche
Unto the toure moost wonderfully wrought
Of geometry/and as I dyde approche
The altytude all in my mynde I sought
Syxe hondreth fote as I by nombre thought
Quadrant it was and dyde heue and sette
At euery storme whan the wynde was grette

Thus at the last I came into an halle
Hanged with aras ryche and precyous
And euery wyndowe glased with crystalle
Lyke a place of pleasure moche solacyous
with knottes sexangled gay and gloryous
The rofe dyde hange ryght hygh and plesauntly
By geometry made ryght well and craftely

In this meruaylous hall replete with rychesse
At the hye ende she satte full worthely
I came anone vnto her grete nobles
And kneled adowne before her mekely
Madame I sayd ye werke full ryally
I beseche you with all my dylygence
To instructe me in your wonderfull scyence

My scyence sayd she it is moost profytable
Unto astronomy for I do it mesure
In euery thynge as it is probable
For I myselfe can ryght well dyscure
Of euery sterre whiche is sene in bre
The meruaylous gretenes by my mesurynge
For god made all at the begynnynge

By good mesurynge bothe the heyght and depnes
        Pleasure.   I.ij.

Of euery thynge as I vnderstande
The length and brede with all the gretnes
Of the fyrmamente so compassynge the londe
And who my cunnynge lyst to take in honde
In his empspery of hye or lowe degre
Nothynge there is but it may mesure be

Though that it be frome vs hye and ferre
Yf ony thynge fall we may it truly se
As the sonne or moone or ony other sterre
We may therof knowe well the quantyte
Who of this spence dooth knowe the certaynte
All maystryes myghte mesure parfytely
For geometry dooth shewe it openly

Where that is mesure/there is no lackynge
Where that is mesure/hole is the body
Where that is mesure/good is the lyuynge
Where that is mesure/wysedome is truely
Where that is mesure/werke is dyrectly
Where that is mesure/natures werkynge
Nature encreaseth by ryght good knowlegynge

Where lakketh mesure/there is no plente
Where lakketh mesure/seke is the courage
Where lakketh mesure/there is iniquyte
Where lakketh mesure/there is grete outrage
Where lakketh mesure/is none aduauntage
Where lakketh mesure/there is grete glotony
Where lakketh mesure/is moost vnhappy

For there is no hye nor grete estate
Withoute mesure can kepe his dygnyte

It doth preserue hym both erly and late
Keppynge hym frome the pytte of pouerte
Mesure is moderate to all bounte
Gretely nedefull for to take the charge
Man for to rule that he go not at large

Who loueth mesure can not do amys
So perfytely is the hygh operacyon
Amonge all thynges so wonderfull it is
That it is full of all delectacyon
And to vertue hath inclynacyon
Mesure also dooth well exemplefye
The hasty do me to swage and modefye

Without mesure/wo worthe the Iugement
Without mesure/wo worth the temperaunce
Without mesure/wo worth the punysshement
Without mesure/wo worthe the purueyaunce
Without mesure/wo worthe the sustenaunce
Without mesure/wo worth the sadnes
And without mesure/wo worth he the gladnes

Mesure/mesurynge/mesuratly taketh
Mesure/mesurynge/mesuratly dooth all
Mesure/mesurynge/mesuratly maketh
Mesure/mesurynge/mesuratly guyde shall
Mesure/mesurynge/mesuratly dooth call
Mesure/mesurynge/to ryght hye preemynence
For alway/mesure is grounde of excellence

Mesure/mesureth/mesure/in effecte
Mesure/mesureth/euery quantyte
Mesure/mesureth/all way the aspecte
        Pleasure.   I.iii.

Mesure/mesureth/all in certayne
Mesure/mesureth/in the stabylyte
Mesure/mesureth/in euery doutfull case
And mesure is the lodesterre of all grace

Affecte of mesure is longe contynuaunce
Quantyte without mesure is nought
Aspecte of mesure deuoydeth repentaunce
Certayne wolde wype all thynges thought
Stabylyte vpon a perfyte grounde is wrought
Cace doutfull may yet a whyple abyde
Grace may in space a remedy prouyde

Countenaunce causeth the promocyon
Nought auapleth seruyse without attendaunce
Repentaunce is after all abusyon
Thought afore wolde haue had perceueraunce
Wrought how sholde be by dede the myschaunce
Abyde nothynge tyll thou do the dede
Prouyde in mynde how thou mayst haue mede

Promocyon groweth after good gouernaunce
Attendaunce doth attayne good fauoure
Abusyon is causer of all varyaunce
Perceyueraunce causeth the grete honoure
Myschaunce alway is rote of doloure
Dede done can not be called agayne
Mede well rewarded bothe with Joye and payne

Than I toke my leue and went frome geometry
Towarde astronomye as fast as I myght
For all my mynde was sette ryght in wardly
Upon my lady that was fayre and bryght

My herte with her was bothe day and nyght
She had it locked with a lokke so sure
It was her owne she had therof the cure.

Than forthe I wente into a medowe grene
With flora paynted in many a sondry coloure
Lyke a gay goddesse of all floures the quene
She encensed out her aromatyke odoure
The brethe of zepherus encreased the floure
Amyddes the medow fayre resplendysshaunt
Was a pauylyon ryght hye and quadraunt

Of grene sarcenet bordred with golde
Where in dyde hange a fayre astrologye
Whiche ofte astronomye dyde full well beholde
Unto whome than, I came full shortly
And kneled a downe before her mekely
Besechynge her of her grete gentylnes
Pleasure.   F.iiij.

Of her scyence to shewe the persyptenes

My scyence sayd she it is ryght resonable
And is the last of the scyences seuē
Unto man it is also ryght profytable
Shewynge the course aboue of the heuen
Ryght merueylous for ony man to neuen
Who knewe astronomy at euery maner season
Myght set in order euery thynge by reason

Also the other. vj. scyences lyberall
By astronomy pryncypally were founde
And one were lost they were vaynysshed all
Eche vpon other hath so sure a grounde
In all the worlde that is so wyde and rounde
Is none so wyse that can them multeply
Nor knowe them all ryght well and surely

The hye astronomyer that is god omnypotent
That the fyrst day deuyded all the lyght
Frome the derkenes with his wyll prepotente
And the seconde day with his excellent myght
The waters aboue he dyde deuyde aryght
Frome the erthely waters whiche are inferyall
The thyrde daye/herbes and fruytes in specyall

In erthe he planted for to haue theyr lyfe
By dyuers vertues and sundry growynge
So to contynue and be vegytatyfe
And the thyrde day he sette in werkynge
The bodyes aboue to haue theyr mouynge
In the. xij. sygnes themselfe to domyfy
Some retrograrde/and some dyrectly

The fyfth day he dyde fyſſhes make
In the ſee the grete ſtozmy flode
To and fro theyz courſes foz to take
And in the water foz to haue theyz fode
Lyke to the ſame colde alway theyz blode
The.bj.day beſtes with foules ſenſatyue
And man alſo with ſoule intellectyue

The ſeuenth day he reſted of his werke
Nothynge conſtrayned as of werynes
As wzyteth many a ryght famous clerke
But that he had acomplyſſhe doutles
His purpenſed purpoſe by inſynyte pzowes
As to bs doth mooſt playnely dyſcure
The perfyte grounde of holy ſcrypture

Thus god hymſelfe is chyef aſtronomyer
That made all thynge accozdynge to his wyll
The ſonne the mone and euery lytell ſterre
To a good intente and foz no maner of yll
Withouten bayne he dyde all thynge fulfyll
As aſtronomy doth make apparaunce
By reaſon he weyed all thynges in balaunce.

¶Ca.xxiij.

And foz aſmoche that he made nature
Fyzſt of all to haue domynacyon
The power of her I ſhall anone dyſcure
How that ſhe taketh her operacyon
And wher bpon is her foundacyon
In ſymple and rude oppzeſt with neclygence
Shall dyſcrybe the myght of her pzeemynence

For though that aungell be inuyſyble
In palpable and alſo celeſtyall

Withouten substaunce as in cencyble
yet haue they nature whiche is angelycall
For nature/naturynge/naturate made all
Heuen and erthe and the bodyes aboue
By course of nature for to werke and moue

On man or beest without ony mys
She werketh dyrectly after the aspecte
Of the mater be it more or lesse prwps
And doth therof the hole fourme dyrecte
After the qualyte it doth take effecte
yf there be more than may one suffyse
A bye membre she wyll than more deuyse

As that in bre ye may it dayly se
Upon one hande some hath thombes twayns
And other also somtyme armes thre
The superfluyte is cause therof certayne
Whiche that dame nature dooth constrayne
So for to do for she leseth noughte
Of the mater but hath it hooly wroughte

And in lykewyse where is not suffycyent
Of the mater for the hole formacyon
There lacketh a membre by grete impedyment
So that there can be no perfyte facyon
As may be Iuged by perfyte reason
After the qualyte of thy mater lackynge
So lacketh they of natures fourmynge

Some lacketh a legge/some an arme also
Some a fynger/and some more or lesse
All these causes with many other mo

Nature werketh so dyrectly doutles
Up on the mater as I do expresse
After the qualyte in many a sondry wyse
The kynde of her we ought nothynge despyse

Some be fayre and replete with grace
Some be fayre and yet ryghte vnhappy
Some be foule and can sone purchace
Landes and possessyons to them shortly
Some be fooles and some be ryght wytty
Where vpon I shall shewe a dyfference
Of the.v.wyttes by good experyence.

CCa.xxiiij.

THe eyen/the eres and also the nose
The mouth & hādes inwarde wyttes are none
But outwarde offyces as ye may suppose
To the inwarde wyttes whiche do Iuge alone
For vnto theym all thynges haue gone
By these outwarde gates to haue the knowlegynge
By the inwarde wyttes to haue decernynge

These are the fyue wyttes remeuynge inwardy
Fyrst comyn wytte/and than ymagynacyon
Fantasy and/estymacyon truely
And memory as I make narracyon
Eche vpon other hath occupacyon
Fyrst the comyn wytte vnto the front aplyde
Doth thynke decerne/it may not be denyde

Of the eyen the offyce onely is the syght
To se the fayre the lowe or altytude
The whyte or blacke/the heuy or the lyght
The lytell or grete/the weyke/or fortytude

The vgly fauoure oz yet the pulcrytude
This is the vse of the eyene intere
To se all thynges whiche may well appere

But of themselfe they can decerne nothynge
One frome an other/but the compn wytte
Decerueth colours by spyzytuall connynge
To the frue inwarde wyttes it is so well knytte
Nothynge is sene but it doth iuge it
It dooth decerne the god frome badnes
The hye the lowe/the soule the fayznes

The nose also euery ayze doth smell
But yet it hath nothynge auctozyte
yf it be swete foz to Iuge and tell
But the compn wytte dooth it incertaynte
Decernynge sauours in euery degre
knowynge the swete ayze frome the stynkynge
Whan that the nose therof hath smellynge

The eres also ryght well gyue audyence
Unto a tale herynge it ryght perfytely
But they can not decerne the sentence
To knowe where vpon it doth so ratyfy
Upon grete wysedome oz elles vpon foly
Thus whether the tale be ryght good oz bad
By the compn wytte the knowlege is had

Foly hath eres as well as sapyence
But he can not determyne by his herynge
What tale it is foz lacke of intellygence
Foz the compn wytte is all vnderstondynge
And that he lacketh to gyue hym knowynge

Wherfore the eres are but an intres
To the comyn wytte that sheweth the perfytnes

The mouth tasteth bothe swete and bytternes
But the comyn wytte decerneth propzely
yf it be soure oz replete with swetenes
Noz yet the handes fele nothynge certaynly
But the comyn wytte decerneth subtelly
Whether it be harde/moyst oz of dzynes
Hote/heuy softe oz yet colde doutles

Thus comyn wytte werketh wonderly
Upon the.v.gates whiche are receptatyue
Of euery thynge/foz to take inwardly
By the comyn wytte to be affyzmatyue
Oz by decernynge to be negatyue
The comyn wytte the fyzst of wyttes all
Is to decerne all thynges in generall

And than secondly ymagynacyon
Whan the comyn wytte hath the thynge electe
It werketh by all due inclynacyon
Foz to bzynge the mater to the hole affecte
And fantasy than hath the hole aspecte
The ymagyned mater to bzynge to fynysshement
With good despze and inwatde Jugement

And estymacyon doth well compzehende
The space/the place/and all the purueyaunce
At what tyme the power myghte entende
To bzynge the cause vnto perfyte vtteraunce
Often it weyeth the cause in balaunce
By estymacyon ony thynge is nombzed

By length oz shoztues how it is accombzed

Fyftely the mynde whan the fourth haue wzought
Retayned all tyll the mynde haue made
In outwarde knowlege to the mater thought
Bycause nothynge shall declyne and fade
It kepeth the mater nothynge rethzogarde
But dyzectly tyll the mynde haue pzoued
All suche maters whiche thz.iiij. haue moued

Plauto the cónynge and famous clerke
That well experte was in phylosophy
Doth ryght reherce vpon natures werke
How that she werketh vpon all wonderly
Bothe foz to mynysshe and to multeply
In sundzy wyse by grete dpzeccyon
After the mater with all the hole affeccyon

In my natyf language I wyll not oppzes
Moze of her werke foz it is obscure
Who wyll therof knowe all the parfeytnes
In phylosophy he shall fynde it ryght sure
Whiche all the trouthe can to hym dyscure
No man can attayne perfyte connynge
But by longe stody and dylygente lernynge.
¶Ca.xxb.
The ryght hye power nature naturynge
Naturate made the bodyes aboue
In sundzy wyse to take theyz werkynge
That aboute the wozlde naturally do moue
As by good reason the phylosophzes pzoue
That the planettes and sterres instrumentes be
To natures werkynge in euery degre

God gaue grete vertue to the planettes all
And specyally vnto depured Phebus
To enlumyne the worlde euer in specyall
And than the mone of her selfe tenebrus
Made lyght with the beames gay and gloryous
Of the sonne is fayre resplendysshaunte
In the longe nyght with rayes radyaute

By these twayne euery thynge hath growynge
Bothe vegytatyfe and cesnatyue also
And also intellectyue without lesynge
No erthly thynge may haue lyfe and go
But by the planettes that moue to and fro
Whan that god sette them in operacyon
He gaue them vertu in dyuers facyon

Some hote and moyst and some colde and dry
Some hote and drye moyst and colde
Thus euery one hath vertues sundry
As is made mencyon in the bokes olde
They shewe theyr power and werke many a folde
Man vpon them hath his dysposycyon
By the naturate power of constellacyon

What sholde I wryte more in this mater hye
In my maternall tonge opprest with ignoraunce
For who that lyst to lerne astronomye
He shall fynde all fruytfull pleasaunce
In the latyn tongue by goodly ordenaunce
Wherfore of it I wyll no lenger tary
For fere frome trouthe that I happen to vary

Of dame astronomy I dyde take my lycence

for to trauayle to the toure of chyualry
for all my mynde with percynge influence
was sette vpon the moost fayre lady
Labell pucell so moche ententysly
That euery day I dyde thynke fyftene
Tyll I agayne had her swete persone sene

TO you experte in the seuen scyence
Now all my maysters I do me excuse
yf I offended by my grete neclygence
This lytell werke yet do ye not refuse
I am but yonge it is to me obtuse
Of these maters to presume to endyte
But for my lernynge that I lyst to wryte

Under obedyence and the correccyon
Of you my maysters experte in connynge
I me submytte now with hole affeccyon
Unto your perfyte vnderstondynge
As euer more mekely to you inclynynge
With dylygent laboure now without doutaunce
To detray or adde all at your plesaunce

How graunde amoure came to the toure of chyualry.
¶ Ca. xxbj.

WHan clene aurora with her golden bemes
Gan to enlumyne the derke cloudy ayre
And cobust Dyane her grete fyry lemes
I myddes of the bull began to restayre
Than on my Iorney my selfe to repayre
With my verlet called attendaunce
forthe on I rode by longe contynuaunce
　　　Pleasure.　　　　　　　　　　　　　　　K.j.

With my greyhoundes bothe grace and gouernaunce
Ouer an hyll and so downe in a valey
Amonge the thornes of grete encumbraunce
The goodley greyhoundes taught me on my wey
So fourth I passed my troublous Journey
Tyll that I came into a ryall playne
With flora paynted in many a sundry vayne

With purple colour the floures enhewed
In dyuers knottes with many one full blue
The gentyll gelofer his odoure renued
With sundry herbes replete with vertue
Amonge these floures as I dyde ensue
Castynge my syght sodaynly so ferre
Ouer a toure I sawe a flambynge sterre

Towarde this toure as I rode nere and nere
I behelde the rocke of merueylous altytude
On whiche it stode that quadraute dyde appere

Made all of stele of wonderous fortytude
Targeylde with beestes in sundry symylytude
And many turrettes aboue the toures hye
With ymages was sette full meruaylouslye

Towarde this toure forthe on my way I wente
Tyll that came to a myghty fortresse
Where I sawe hange a meruaylous instrumente
With a shelde and helmet before the entres
I knewe nothynge therof the persytenes
But at auenture the instrumente I toke
And blewe so loude that all the toure I shoke

Whan the porter herde the hydeous sounde
Of my ryght lusty and stormy blast
That made the walles therof to redounde
Full lyke a knyght that was nothynge agast
Towarde the gate he gaue hym selfe to hast
And opened it and asked my name
And fro whens I came to certyfy the same

My name quod I is graunde amoure
Of late I came fro the toure of doctryne
Where I attayned all the hygh honoure
Of the seuen scyences me to enlumyne
And frome thens I dyde determyne
Forth to trouaylle to this toure of chyualry
Where I haue blowen this blast so sodaynly

Whan he herde this ryght gentylly he sayd
Unto this toure ye must resorte by ryght
For to renue that hath belonge decayd
    Pleasure.   R.ii.

The floure of chyualry with your hole delyght
Come on your way it draweth towarde nyght
And therwith all he ledde me to his warde
Me to repose in plesaunt due saufgarde

After the trauayle my selfe for to ease
J dyde there rest than in all goodly wyse
And slepte ryght well without ony dysease
Tyll on the morow the sonne dyde aryse
Than vp J rose as was my perfyte guyse
And made me redy into the courte to go
With my verlet and my grehoundes also

The gentyll porter named stedfastnes
Into the basse courte on my way he brought
Where stode a toure of meruaylous hyghnes
That all of Jasper full wonderly was wrought
As ony man can prynte in his thought
And foure ymages aboue the toure there were
On hors backe armed and euery one a spere

These ymages were made full curyously
With theyr horses of the stele so fyne
And eche of them in theyr places sundry
About were sette that clerely dyde shyne
Lyke Dyane clere in her spere celestyne
And vnder eche horse there was full pryuely
A grete whele made by craftly geometry

With many cogges vnto whiche were tyed
Dyuerse cordes that in the horses holowe
To euery Joynte full wonderly applyed
Whan the wheles went the horses dyde folowe

To trotte and galop both euen and moroWe
Brekynge theyr speres and coude them dyscharge
Partynge asonder for to turney at large.

BEsyde this toure of olde foundacyon
There was a temple strongly edefyed
To the hygh honoure and reputacyon
Of the myghty Mars it was so fortefyed
And for to know what it sygnyfyed
I entred in and sawe of golde so pure
Of worthy Mars the meruaylous pycture

There was depaynted all aboute the wall
The grete dystruccyon of the cyte of troye
And the noble actes to reygne memoryall
Of the worthy Ector that was all theyr Joye
His dolourous deth was herde to occoye
And so whan Ector was cast all downe
The hardy Troylus was moost hyghe of renowne

And as I cast my syght so asyde
Beholdynge Mars how wonderly he stode
On a whele top with a lady of pryde
Haunced aboute I thought nothynge but good
But that she had two faces in one hode
Yet I kneled adowne and made myne oryson
To doughty Mars with grete deuocyon

Sayenge/O Mars/O god of the warre
The gentyll lodesterre of an hardy herte
Dystyll adowne thy grace from so farre
To cause all fere frome me to asterte
That in the felde I may ryght well subuerte
    Pleasure.   K.iij.

The hedyus monsters/and wynne the vyctory
Of the sturdy grauntes with famous chyualry

O prynce of honoure and of worthy fame
O noble knyghtes of olde antyquyte
O redouted courage the causer of theyr name
Whose worthy actes fame caused to be
In bokes wryten as ye may well se
So gyue me grace ryght well to recure
The power of fame/that shall longe endure

I thought me past all chyldly ygnoraunce
The.xxj.yere of my yonge flourynge aege
I thought that Uenus myght nothynge auaunce
Her strength agaynst me with her lusty courage
My wytte I thought had suche auauntage
That it sholde rule bothe Uenus and Cupyde
But alas for wo for all my sodayne pryde.

Han that Phebus entred was in gemyne
Towarde the crabbe takynge ascencyon
At the tyme of the grete solempnyte
From heuen aboue of goddes descencyon
In a grete temple with hole entencyon
As I went walkynge my selfe to and fro
Full sodaynly Uenus wrought me suche wo

For as I cast than my syght all a lofte
I sawe Uenus in beaute so clere
Whiche caused Cupyde with his darte so softe
To wounde my herte with feruent loue so dere
Her louynge countenaunce so hygh dyde appere
That it me raupsshed with a sodayne thought

Alas for wo it bayled me ryght nought

To gyue audyens vnto the melody
Of waytes and organs that were at the fest
Loue had me wounded so sore inwardly
What was to do I knewe not the best
Replete with sorow and deuoyde of rest
Sythen the tyme that she my herte soo wounded
My Joy and pryde she hath full lowe confounded

And so now for to attayne her grace
As thou doost knowe become aduentarous
Besechynge the in this peryllous case
O Mars me socoure in tyme tempestyous

That I may passe the passage daungerous
And to thy laude honoure and glorye
I shall a temple ryght strongly edefye

Well than sayd Mars I shall the fortefye
In all thy warre as fast as I canne
But for thy payne I knowe no remedy
For Venus reyned whan that thou beganne
Fyrst for to loue makynge the pale and wanne
And of the trouthe to make relacyon
Thou was borne vnder her consolacyon

Wherfore thou must of veray perfyte ryght
Unto her sue by the dysposycyon
Whiche the constrayneth with hole delyght
For to loue ladyes by true affeccyon
Suche is her course and operacyon
Wherfore whan thou hast lerned perfytely
The for to gouerne by prudent chyualry

Than to fulfyll thy ryght hye enterpryse
Forthe on thy way thou shalte thy Iorney take
Unto a temple in all humble wyse
Before dame Venus thyn oblacyon to make
Whiche all thy payne may sone redresse and slake
For at that tyme she holdeth a parlemente
To redresse louers of theyr Impedymente

Aha quod fortune with the faces twayne
Behynde syr Mars / I haue a grete meruayle
That thou doost promyse hym that he shall attayne
Unto his purpose with all dylygente trauayle
Through thyn ayd eke strength and counsayle

Sythens dependeth in myn ozdenaunce
Hym to pzomote oz bzynge to myschaunce

My power/estate and ryall dygnyte
Doth tozne the whele of wozthely glozye
Often vp so downe by mutabylyte
Haue not I pzomoted full nobly
Many a lowe degre to reygne full ryally
And often haue made a transmutacyon
Of wozldly welthe in to trybulacyon

Thus can I make an alteracyon
Of wozthely honoure whiche doth depende
All onely in my domynacyon
Thzough the wozlde my whele doth extende
As reason doth ryght well compzehende
Of my grete chaunces whiche are vnsure
As dayly dooth appere well in vze

Yf I sholde werke with perfyte stedfastnes
As to exalte some to be honourable
And that they knewe by perfyte sykernes
That it sholde dure and not be varyable
It were a thynge vnto me culpaple
foz grete ozguell pzyde sholde them so blynde
To knowe themselfe they sholde lose theyz mynde

Thus whan that they sholde themselfe fozgete
And in no wyse theyz owne persone knowe
full lytell than they wolde by me sette
That them exalted to hye degre from lowe
And by my chaunce coude nought them ouerthzowe
Thus sholde they do and dzede me nothynge
Wherfoze my whele is euermoze tournynge
    Pleasure.   A.s.

And where that I cholde to2ne my face
Caftynge fome in pytte of pouerte
They were condampned without ony grace
As fo2 to attayne ony p2ofperyte
Whiche were a caufe of grete iniquyte
fo2 ryche mennes goodes I muft ofte tranflate
Unto the po2e them fo2 to eleuate

And thy2dly I cholde lefe my name
fo2 this wo2de fo2tune is well derefyde
Of an accydent chaunce bothe good o2 fhame
Whan that the dede is fo exemplefyde
Wherfo2e by reafon I muft be duplyfyde
And nothynge ftable in myn hye werke
As w2pteth many a ryght noble clerke

Therfo2e by reafon I muft be mutable
And to2ne my whele ryght oft vp fo dowñe
Labourynge in werkes whiche are vnftable
On fome to laugh and on fome I muft frowñe
Thus all aboute in euery realme and towñe
I fhewe my power in euery fund2y wyfe
Some to defcende and on fome to a2yfe

Wherfo2e my power doth ryght well excell
Aboue the Mars in thyn houfe enclofed
fo2 to rule man thou haft power neueradell
Saue after the fomwhat he is dyfpofed
Thy confolacyon hath hym fo appofed
Who vnder the taketh his natyuyte
Yet god hath gyuen hym power to rule the

Wherfo2e I am of a ferre hyer power

Than thou arte for there is no defence
Agaynst my wyll at ony tyme or houre
And in my name there is a deference
For in these wordes in my magnyfycence
Predestynate and also destyny
As I shall shewe anone more formably

Predestynate dooth ryght well sygnyfy
A thynge to come whiche is prepayred
None but god doth knowe it openly
Tyll that the dede cause it be declared
For many a one whan they well fared
Full lytell thought that trybulacyon
To them was ordeyned by predestynacyon

The destenY is a thynge accydent
And by the werke dooth take the effecte
Tyll it be done it is ay precedent
No man from it can hymselfe abiecte
Thus euery chaunce doth fortune directe
Wherfore by reason la graunde amoure
Must sue vnto me to do hym socoure

Aha quod Mars suche a one as thou
I neuer knewe byfore this season
For thou thy selfe doost so moche enpron
Aboue the heuens by exaltacyon
But what for all thy commendacyon
Arte thou now ony thynge substancyall
Spyrytuall or elles yet terrestryall

How can a werke perfytely be grounded
But in this two and thou arte of those
        Pleasure.   L.ii.

Wherfore for nought thou mayst be confounded
For nought in substaunce can nothynge transpose
Of none effecte thou canst thy selfe dysclose
How hast thou power in ony maner of case
In heuen or erthe without a dwellynge place

But that poetes hath made a fygure
Of the for the grete sygnyfycacyon
The chaunge of man so for to dyscure
Accordynge to a moralyzacyon
And of the trouth to make relacyon
The man is fortune in the propre dede
And not thou that causeth hym to spede

What nedeth hym vnto his selfe to sue
Sythen thou art the dedes of his chaunce
Thou to rule man it is a thynge not true
Now where vpon doth hange this ordenaunce
But accedent vpon the gouernaunce
Of the hye bodyes whiche doth man dyspose
The dede to do as hym lyst purpose

To here of Mars the meruaylous argument
And of fortune I was sore amased
Tyll that I sawe a lady excellent
Clerely armed vpon whome I gased
And her armes full preuely I blased
The shelde of golde as I well vnderstande
With a lyon of asure through passande

To me she came with lowely countenaunce
And bad me welcome vnto that mancyon
Ledynge me forthe with Joy and plesaunce

Into an hall of meruaylous facyon
Ryght strongly fortyfyed of olde foundacyon
The pyllours of yuory garnysshed with golde
with perles sette and broudred many a folde

The flore was paued with stones precyous
And the rofe was braunched curyously
Of the beten golde both gay and gloryous
knotted with pomaunders ryght swetely
Encencynge out the yll odours mysty
And on the walles ryght well dyde appere
The sege of Thebes depaynted fayre and clere

There were knyghtes playenge at the chesse
Whiche sawe Mynerue lede me in the hall
They lefte theyr play and all theyr besynesse
And welcomed me ryght gentely withall
With syr Nurture than moost in specyall
Accompanyed of his brother curtesy
They made me chere than full effectually

And after that they brought me vp a stayre
In to a chambre gayly gloryfyed
And at the dore there stode a knyght ryght fayre
Ye clypped trouthe ryght clerely purefyed
His countenaunce was ryght well modyfyed
To me he sayde that before myn entres
Hym for to loue I sholde hym promes

Of ryght he sayd I haue in custody
This chambre dore of kynge Melyzyus
That no man entre in to it wrongfully
Without me trouthe for to be chyualrous
      Pleasure.   L.iij.

Here knyghtes be made to be vyctoryous
I shall you promyse quod I faythfully
You for to loue and serue perdurably

Abyde quod he I wyll speke with the kynge
Tell me your name and habytacyon
And ῥ chefe cause now of your comynge
That I to hym may make relacyon
To knowe his mynde without varyacyon
La graunde amoure my name is sayd I
The cause of my comynge intentyfly

Is for bycause that I haue enterpryſed
Now for the sake of fayre la belle pucell
To paſſe the paſſage whiche I her promyſed
That is ſo daungerous with ſerpentes cruell
And for aſmoche as I knowe neueradell
The feates of armes to attayne honoure
I am come to lerne with dylygent laboure

Than forthe he wente vnto the mageſte
Of kynge Melyzpus the myghty conqueroure
Saynge O power ſo hye in dygnyte
O prynce vyctoryous and famous Emperoure
Of Juſtynge truely the orygynall floure
One graunde amoure wolde be acceptable
In your hye courte for to be tendable

With all my herte I wyll quod he accepte
Hym to my ſeruyce for he is ryght worthy
For vnto doctryne the hye way he kepte
And ſo frome thens to the toure of chyualry
He ſhall attayne grete actes wonderly

Go on your way and bꝛynge hym fast to me
foꝛ J thynke longe hym to beholde and se

And than the good knyght trouthe incontynent
Jn to the chambꝛe so pure/soone me lede
where sate the kynge so moche benyuolent
Jn purple clothed set full of rubyes rede
And all the floꝛe on whiche we dyde trede
was crystall clere and the rofe at nyght
wꝭth tarbuncles dyde gyue a meruaylous lyght

The walles were hanged with clothe of tyssue
Bꝛoudꝛed with perles and rubyes rubyconde
Myrte with emeraudes so full of vertue
And boꝛdꝛed aboue with many a dyamonde
An heuy herte it wolde make Jocunde
foꝛ to beholde the meruaylous ryches
The loꝛdeshyp/welthe/and the grete woꝛthynes

There sate Melyzyus in his hye estate
And ouer his heed was a payꝛe of balaunce
with his crowne/and ceptre after the true rate
Of all other woꝛdly kynge foꝛ to haue gouernaunce
Jn his hande a balle of ryght grete cyꝛcumstaunce
Befoꝛe whome than J dyde knele adowne
Saynge O Emperoure moost hygh of renowne

J the beseche of thyn haboundaunt grace
Me to accept in this courte the foꝛ to serue
So to contynue by longe tyme and space
Of chyualry that J may now deserue
The oꝛdꝛe ryght and well it to obserue
foꝛ to attayne the hygh aduauntage
     Pleasure.   L.iiij.

Of the enterpryse of my doughty vyage

Welcome he sayd to this courte ryall
Mynerue shall arme you with grete dylygence
And teche you the feates of armes all
For she them knoweth by good experyence
In the olde tyme it was her scyence
And I my selfe shall gyue you a worthy stede
Called galantyse to helpe you in your nede

I humbly thanked his grete hyenes
And so to Mynerue I dyde than applye
Whiche dyde me teche with syker perfytnes
For to haunt armes ryght well and nobly
Sapyence me ruled well and prudently
Thus amonge knyghtes for to Iust and tourney
Mynerue me taught in sundry wyse all day

It was a Ioyfull and a knyghtly syght
For to beholde so fayre and good a sorte
Of goodly knyghtes armed clere and bryght
That I sawe there whiche dyde me well exorte
Armes to haunte with couragyous comforte
Mynerue me taught my strokes and defence
That in shorte space was no resystence

Agaynst my power and myghty puyssaunce
To my wylfull herte was nought impossyble
I bare myselfe so without doubtaunce
My herte made my courage inuyncyble
Of whiche the trouthe was soone intellygyble
With my behauynge before the preemynence
Of kynge Mylyzyus famous excellence

Whiche ryght anone for dame Mynerue sent
And me also with syr trouthe to obey
We thought full lytell what the mater ment
But vnto hym we toke anone the way
Entrynge the chambre so/fayre/clere and gay
The kynge vs called vnto his persone
Sayenge I wyll graunde amoure anone

Truly make knyght for the tyme approcheth
That he must haunt and seke aduenture
For Labell pucell as true loue requyreth
And fyrst of all began to me dyscute
The hyghe order how I sholde take in cure
And than anone he began to expresse
What knyghthode was to perfyte sykernesse

Knyghthode he sayd was fyrst establysshed
The compn welthe in ryght to defende
That by the wronge it be not mynysshed
So euery knyght must truely condyscende
For the compn welthe his power to entende
Agaynst all suche rebelles contraryous
Them to subdue with power vyctoryous

For knyghthode is not in the feates of warre
As for to fyght in quarell ryght or wronge
But in a cause whiche trouthe can not defarre
He ought hymselfe for to make sure and stronge
Justyce to kepe myxte with mercy amonge
And no quarell a knyght ought to take
But for a trouthe or for the compns sake

For fyrst good hope his legge harneys sholde be

His habergyon of perfyte ryght wysnes
Gyrde fast with the gyrdle of chastyte
His ryche placarde sholde be good besynes
Braudred with almes so full of larges
The helmet mekenes/and the shelde good fayth
His swerde goddes wordes as saynt Poule sayth

Also true wydowes he ought to restore
Unto theyr ryght for to attayne theyr dower
And to vpholde and maynteyne euermore
The welthe of maydens with his myghty power
And to his soucrayne at euery maner hower
To be redy true and eke obeysaunt
In stable loue fyrt/and not varyaunt

Thus after this noble and solempne doctryne
He made my knyght and gaue me in charge
Unto these poyntes ryght lowe to enclyne
And to stere well the frayle tumblynge barge
Ouer vaynglorye whan I sayle at large
whan the wynde is ryght the barge can not fayle
Unto his purpose so with hardynes to sayle

I dyde well regystre in my remembraunce
Euery thynge whiche he hathe to me tolde
And ryght anone in good resemblaunce
The kynge I thanked with courage ryght bolde
Of his grete gyftes and grace many a folde
Whiche vnto me ryght openly he shewed
With golden droppes so lyberally indewed

I toke my leue of his ryght hye estate
And then Mynerue in to the hall me brought

Accompanyed of trouthe my faythfull mate
Us for to solace there lacked ryght nought
That ony man can prynte in his thought
The knyghtes all vnto theyr armes wente
To brynge me forwarde with a true entente

And Mynerue armed me as she coude deuyse
And brought vnto me my fayre barbed stede
On whome I mounted in all goodly guyse
With shelde and spere as nothynge to drede
In ryght to ryght for to attayne my mede
So with me went bothe my greyhoundes twayne
And good attendaunce my verlet certayne

The good knyght trouthe brought me on the way
Accompanyed than of syr fydelyte
With haute courage betrapped fayre and gay
With shynynge trappoures of curyosyte
And thenne also there rode forth with me
The sturdy knyght well named fortytude
With the noble veterane syr consuetude

And eke syr Justyce and syr myserycorde
Syr sapyence with good syr curtesy
With famous nurture/and than syr concorde
Accompanyed me full ryght gentylly
Oute of the castell rydynge ryally
And dame Mynerue the chyualreous goddes
Dyde me endue then with herty hardynes

And whan we came in to a goodly playne
Ryght of them all I toke my lycence
Me thought it tyme that they tourne agayne

Unto the kynge with all theyr dylygence
I made myn othe with percynge influence
Unto them all for to remayne full true
In stedfast loue all treason to eschue

Full lothe they were fro me to departe
Euery one of them as ye may vnderstande
With salte teres full wofull was my harte
Whan all on rowe they toke me by the hande
Adyeu they sayd and grace with you stande
you for to ayde whan that you do fyght
And so they torned vnto the castell ryght

And good dame Mynerue vnto me than sayde
Be not adredde of your hye entrepryse
Be bolde and hardy and nothynge afrayde
And rather deye in ony maner of wyse
To attayne honoure and the lyfe dyspyse
Than for to lyue and to remayne in shame
For to dye with honoure it is a good name

Fare well she sayd and be of good chere
I must departe I may no lenger tary
Ryde on your way the weder is full clere
Seke your aduenture and loke ye not vary
Frome your hye ordre by ony contrary
And therwithall forthe on her way she rode
Ryght so dyde I whiche no lenger abode

With bothe my greyhoundes and my varlet
Thrughe the playne and in to wyldernes
And so alofte amonge the hylles gret
Tyll it was nyght so thycke of derkenes

That of constraynt of veray werynes
we lyght adowne vnder an hyll syde
Unto the day to rest vs there that tyde

And whan my page my helmet vnlaced
He layde it downe vnderneth my hede
And to his legge he my stede enbraced
To grase about whyle on the grase he fed
And than also his horse in lyke stede
With bothe our greyhoundes lyenge vs nere by
And sloutheour hedes had caught so sodaynly

That all the nyght we slepte in good reste
Tyll agaynst day began to nest and cry
My stede galantyse with a rozynge breste
And eke began to stampe full meruaplously
Whose hye courage awaked vs wonderly
And ryght anone we kest vp our eyes
Beholdynge aboue the fayre crystall skyes

Seynge the cloudes rayed fayre and rede
Of Phebus rysynge in the orpent
And aurora her golden bemes sprede
Aboute the ayre clerely refulgent
Without en mysty blacke encombremente
Up I arose and also my page
Makynge vs redy for to take our vyage.
              ¶ Ca.xxix.

And so forth we rode tyll we sawe a ferre
To vs came rydynge on a lytell nagge
A folysshe dwarfe nothynge for the warre
With a hood/a bell/a foxtayle/and a bagge
In a pyed cote he rode brygge a bragge

And whan that he vnto vs dreⱳe nye
I behelde his body and his vpſnampe

His hede was grete betled was his bꝛowes
His eyen holowe/and his noſe croked
His bꝛyes bꝛyſtled truely lyke a ſowes
His chekes here/and god wote he loked
Full lyke an ape/here and there he toted
With a pyed berde/and hangynge lyppes grete
And euery tothe as blacke as ony gete

His necke ſhoꝛte his ſholders ſtode awꝛy
His bꝛeſt fatte and bolne in the waſt
His armes grete with fyngers crokedly
His legges keⱳed he rode to me faſt
Full lyke a patron to be ſhaped in haſt
Good euen he ſayd and haue good day
Yf that it lyke you foꝛ to ryde meryly

Welcome I ſayd I pꝛay the now tell
Me what thou art and where thou dooſt dwell
Sotheych quod he whan I cham in kent
At home I cham though I be hyther ſent
I cham a gentylman of moche noble kynne
Though Iche be cladde in a knaues ſkynne
Foꝛ ther was one called peter pꝛate faſt

That in all his lyfe ſpake no woꝛde in waſt
He wedde a wyſe that was called maude
I trowe quod I ſhe was a goꝛgyous baude
Thou lyeſt quod he ſhe was gentyll and good
She gaue her huſbande many a furde hode
And at his melys ⱳithout ony mys

She wolde hym serue in clenly wyse plwys
God loue her soule as she loued claines
And kepe her dysshes from all foulnes
whan she lacketh cloutes without ony fayle
She wyped her dysshes with her dogges tayle
And they had pssue sym sadle gander
That for a wyfe in all the worlde dyde wander
Tyll at the last in the wynters nyght
By temmps he sayled and aryued a ryght
Amonge the nunnes of the grene cote
He wente to lande out of his prety bote
And wedde there one that was comen a newe
He thought her stable and faythfull and trewe
Her name was Bettres that so clenly was
That no fylthe by her in ony wyse sholde pas
For in her lyfe that ony man coude spy
She let no ferte nor yet fyst truely
And bytwene them bothe they dyde gete a sone
Whiche was my fader that in Kent dyde wone
His name was dauy dronken nole
He neuer dranke but in a fayre blacke boule
He toke a wyfe that was very fayre
And gate me on her for to be his ayre
Her name was alyson that loued nought elles
But euer more to rynge her blacke belles
Now are they deed all so mote I well thryue
Excepte my selfe Godfrey gobylyue
Whiche rode aboute a wyfe me to seke
But I can fynde none that is good and meke
For all are shrewes in the worlde aboute
I coude neuer mete with none other route
For some deuylles wyll theyr husbondes bete
And tho that can not they wyll neuer lete

Theyr tonges cease but gyue thre wordes for one
Fy on them all I wyll of them haue none
Who loueth ony for to make hym sadde
I wene that he become wors than madde
They are not stedfast nothynge in theyr mynde
But alway tornynge lyke a blast of wynde
For lete a man loue them neuer so wele
They wyll hym loue agayne neuer a dele
For though a man all his lyfe certapne
Unto her sue to haue release of payne
And at the last she on hym do rewe
Yf by fortune there come an other newe
The fyrst shall be clene out of her fauoure
Recorde of Creseyd and of Troylus the doloure
They are so subtyll and so false of kynde
There can no man wade beyonde theyr mynde
It was not Arystotle for all his clergy
For a woman rapt in loue so meruaylously
That all his connynge he had sone forgoten
This vnhappy loue had his mynde so broken
That euermore the salte teres downe hayled
Whan the chaunce of loue he hym selfe bewayled
Aferde he was of the true loue to breke
For sapnge nay whan he therof sholde speke
Tyll of constraynt of wofull heuynes
For to haue remedy of his sore sekenes
Whan he her spyed ryght secrete alone
Unto her he wente and made all his mone
Alas he sayd the cause of my wo
Myn onely lady and mayſtres also
Whose goodly beaute hath my herte enrached
With feruent loue and fyry lemes entached
Wherfore take pyte of the paynfull sorowe

Of me your seruaunt bothe euen and morowe
She stode ryght styll and herde what he sayd
Alas quod she be ye nomore dysmayde
For I am contente to fulfyll your wyll
In euery maner be it good or yll
Of this condycyon that ye shall release
Me fyrst of wo and of my grete dystres
For I my selfe haue thoughte many a day
To you to speke/but for fere of a nay
I durst neuer of the mater meue
Unto your persone leest it sholde you greue
Nay nay quod he with all my hole entente
I shall obey to your commaundementz
Well than quod she I shall you now tell
How the case stondeth truely euerydell
For you knowe well that some women do longe
After nyce thynges be it ryght or wronge
Ryght so must I vpon your backe now ryde
In your mouthe also a brydle you to guyde
And so a brydle she put in his mouthe
Upon his backe she rode bothe northe and southe
Aboute a chambre as some clerkes wene
Of many persones it was openly sene
Lo what is loue that can so sore blynde
I phylosophre to brynge hym out of kynde
For loue dothe pas ony maner of thynge
It is harde and preuy in werkynge
So on the grounde Arystotle crepte
And in his tethe she longe the brydle kepte
Tyll she therof had ynoughe fyll
And yet for this he neuer had his wyll
She dyde nothynge but for to mocke and scorne
        Pleasure.   M.j.

This true louer whiche was foꝛ loue foꝛloꝛne
But whan he knewe the poynt of the case
The fyꝛy angre dyde his herte enbꝛace
That he hym selfe dyde anone well knowe
His anger dyde his loue so ouerthꝛowe
And ryght anone as some poetes wꝛyte
He the grete mockage dyde her well acquyte.
℘Dyde not a woman the famous Vyꝛgyle
By her grete fraude full craftely begyle
Foꝛ on a day foꝛ his owne dyspoꝛte
To the courte of Rome he gan to respoꝛte
Amonge the ladyes the tyme foꝛ to passe
Tyll at the last lyke Phebus in the glasse
So dyde a lady with her beaute clere
Shyne thꝛough his herte with suche loue so dere
Than of grete foꝛce he must nedes obey
She of his mynde bare bothe the locke and kay
So was his herte sette vpon a fyꝛe
With feruent loue to attayne his desyꝛe
She had hym caught in suche a wyly snare
Grete was his payne and moche moꝛe his care
To fynde a tyme whan it sholde be meued
To her of loue and he nothynge repꝛeued
Thus euery day by ymagynacyon
In his mynde was suche perturbacyon
And at the laste he had founde a tyme
Hym thought to speke and vnto hym no cryme
Mercy lady now in all humble wyse
To her he sayd foꝛ yf ye me dyspyse
So hath your beaute my true herte arayde
It is no meruayle though I be afrayde
To you to speke yf that you deny
My purpose/truely I am marde vtterly

So do I loue you with all my herte entere
with inwarde care I by your beauty dere
I must abyde with all my hole entent
Of lyfe or dethe your onely Iugement
with fayned eres of perfyte audyence
She dyde hym here gyuynge this sentence
Uyrgyll she sayd I wolde fayne you ease
Of your trouble and of your grete dysease
But I wote not how that it sholde be
without tournynge vs to grete dyshoneste
yf it be knowen / than bothe you and I
Shall by reheyted at full shamefully
But what for that I haue me bethought
I praty crafte by me shall be wrought
ye knowe my chambre Ioyneth to a wall
Beynge ryght hygh and a wyndowe withall
Soone at nyght whan all folke be at reste
I shall take a basket as me thynketh beste
And therto I shall a longe corde well tye
And frome the wyndowe lete it downe pryuely
Ryght so whan it is adowne on the grounde
ye may well entre in it bothe hole and sounde
And my two maydens the whiche secrete be
Shall anone helpe to hale you vp with me
Lo in this wyse you may haue ryght well
your owne desyre in shorte space euery dell
At a.xi of clocke in the nyght so derke
They dede appoynt for to fulfyll this werke
He often thanked her grete gentylnes
And so departed with grete gladnes
And so he wente vnto his study
Passynge the tyme hym selfe full merely
Tyll that the cloke dyde stryke aleuen

Pleasure.   M.ii.

Than to the wall he wente full euen
And founde the basket at the grounde a redy
And entred into it full sodaynly
Waggynge the rope whiche the lady espyed
Whiche to the wyndowe ryght anone her hyed
With her two maydens she dyde hym vp wynde
A myddes the wall and lefte hym there behynde
That was fyue fadam and more frome the grounde
Whan hymselfe in suche a case he founde
Alas he sayd my owne lady saue
Myn honeste and what ye lyst to haue
Ye shall haue it at your owne desyre
Now wynde me vp me herte is on fyre
Thou shalte quod she in that place abyde
That all the cyte so ryght longe and wyde
May the beholde and the mater knowe
For myne honeste and thy shame I trowe
So there he hynge tyll none of the day
That euery persone whiche went by the way
Myght hym well se and also beholde
And vnto them the very cause she tolde
Lo how with shame she her loue rewarded
His payne and sorow she nothynge regarded
Thus at the last he adowne was brought
Replete with shame it vayled hym ryght nought
Thus with grete angre he his loue confounded
Helpynge the stroke whiche that she had wounded
And by his crafte he in Rome dyde drenche
Euery fyre/for he lefte none to quenche
And towarde Rome a grete tyrcuyte aboute
There was no fyre that was vn put oute
He at her buttockes set a brennynge cole
No fyre there was but at her ars hole

She torned her tout that was cryspe and fat
All about Rome dyde fetche theyr fyre therat
One of an other myght no fyre get
It wold not kyndle without he it fet
Frome her ars by the magykes art
She blewe the fyre whan she lete a fart
Thus euery man myght beholde and se
with the lyght of fyre her praty preuyte
Thus all the cyte vpon her dyde wonder
For perfyte sorowe her herte was nere a sonder
And thus Uyrgyll with crafty subtylnes
Rewarded her falshede and doublenes
All this I tell though that I be a fole
To the yonge knyght for thou mayst go to scole
In tyme comynge of true loue to lerne
Beware of that for thou canst not decerne
Thy ladyes mynde though that she speke the fayre
Her herte is false she wyll no trouthe repayre
Nay quod I they are not all dysposed
So for to do as ye haue here dysclosed
Aha quod he I trowe well ye be
A true louer so mote I thryue and the
Lete not thy lady of thyn herte be rother
whan thou arte gone she wyll soone haue another
Thus forthe we rode tyll we sawe a ferre
A ryall toure as bryght as ony sterre
To whiche we rode as fast as we myght
whan we came there adowne my stede I lyght
So dyd this Godfrey gobylyue also
In to the temple he after me gan go
There sat dame Uenus and Cupyde her sone
Which had theyr parlyament ryght newly begone
     Pleasure.   M.iij.

To rederesse louers of theyr payne and wo
Whiche in the temple dyde walke to and fro
And euery one his byll dyde present
Before Uenus in her hygh parlyament
The temple of her ryall consystory
Was walled all aboute with yuory
All of golde lyke a place solacyous
The rofe was made of knottes curyous
I can nothynge extende the goodlynes
Of her temple so moche of ryches
This Godfrey gobyleue wente lyghtly
Unto dame sappence the secretary
That dyde hym make this supplycacyon
To the goddes Uenus with breuyacyon
O lady Uenus of loue the goddes
Redres my payne of mortall heuynes
I dyde ones wowe an olde mayden ryche
A foule theke an olde wydred wyche
Fayre mayd I sayd wyll ye me haue
Nay syr so god me kepe and saue
For you are euyll fauoured and also vgly
I am the worse to se your vysnamy
Yet was she fouler many an hondred folde
Than I my selfe as ye may well beholde
And therwith all he caused to depaynt
His face and hers all vnder his complaynt
And to Uenus he made delyueraunce
Of his complayne by a shorte cyrcumstaunce
Whiche ryght anone whan she had it sene
Began to laugh with all the courte I wene
Lo here the fygures of them both certayne
Iuge whiche is best fauourde of them twayne.

Thus godfrey gobyloue dyde make suche a sporte
That many louers to hym dyde resorte
Whan I sawe tyme I went to sappence
Shewynge to her with all my dylygence
Howe that my herte by Uenus was trapte
With a snare of loue so preuely berapte
And in her toure to haue a dwelipnge place
I seke aduentures to attayne her grace
Her name quod I/la belle pucell is
Bothe est and west she is well knoben ywys

And my name la graunde amoure is called
Whose herte with payne she all aboute hath walled
With her beaute whiche dame nature create
Aboue all other in moost hye estate
Well sayd sappence I thynke in my mynde
Her loue and fauoure you shall attayne by kynde
And I wyll drawe to you incontynent
All your complaynt as is conuenyent
Unto dame Uenus to se derectly
For your payne and sorowe soone a remedy
She drewe my pyteous lamentacyon
Accordynge to this supplycacyon.

CThe supplycacyon.

Uenus lady and excellent goddes
O celestyall sterre hauynge the souerayne
Aboue all other sterres as lady and prynces
As is accordynge vnto your deyte
Pleaseth it now your grete benygnyte
Unto my complaynt for to gyue audyence
Whiche brenne in loue with percynge vyolence

For so it happed that the lady fame
Dyde with me mete and gan to expresse
Of a payre lady whiche had vnto name
Labelle pucell come of hye noblesse
Whose beauty clere and comly goodlynesse
Frome daye to daye doth ryght well renne
With grace brydled and with grete vertue

She tolde me of her fayre habytacyon
And of the wayes therto full daungerous
Her swete reporte gaue exortacyon

Unto my herte for to be courygyous
To pas the passage harde and troblous
And to bzynge me out of grete encumbraunce
She me delyuered bothe grace and gouernaunce

So forthe we went to the toure of scyence
For to attayne in euery artyke poole
And fyrst doctryne by good experyence
Unto dame gramer dyde sette me to scoole
Of mysty ygnoraunce to oppres the doole
And so I ascended unto dame logyke
And after her unto lusty rethozyke

Tyll at the last at a feest solemply
To a temple I went dame musyke to here
Play on her ozgans with swete armony
But than on lofte I sawe to me appere
The floure of comforte the sterre of vertue clere
Whose beaute bryght in to my herte dyde passe
Lyke as fayre Phebus dooth shyne in the glasse

So was my herte by the stroke of loue
With soro we perst and with mortall payne
That unneth I myght frome the place remoue
Where as I stode I was so take certayne
Yet up I loked to se her agayne
And at auenture with a sory moode
Up than I went where as her persone stoode

And fyrst of all my herte gan to lerne
Ryght well to regyster in remembzaunce
How that her beaute I myght than decerne
Frome toppe to too endued with pleasaunce
Pleasure.   A.I.

Whiche I shall shewe withouten varyaunce
Her shynynge here so propzely she dzesses
A lofe her forhede with fayze golden tresses

Her forhede stepe with fayze bzowes ybente
Her eyen gray/her nose strayght and fayze
In her whyte chekes the fayze blode it wente
As amonge the whyte the reed to repayze
Her mouthe ryght small her bzethe swete of ayze
Her lyppes softe and rudy as a rose
No hertte on lyue but it wolde hym oppose

With a lytell pytte in her well fauoured chynne
Her necke longe and whyte as ony lyly
With vaynes blewe in whiche the blode ranne inne
Her pappes rounde/and therto ryght pzaty
Her armes sclender/and of goodly body
Her fyngers small/and therto ryght longe
Whyte as the mylke with blewe vaynes amonge

Her feet propze she gartred well her hose
I neuer sawe so swete a creature
Nothynge she lacketh as I do suppose
That is longynge to fayze dame nature
Yet moreouer her countenaunce so pure
So swete/so louely wolde ony hertte enspyze
With feruente loue to attayne his desyze

But what for her maners passeth all
She is bothe gentyll good vertuous
Alas what fortune dyde me to her call
Without that she be to me pyteous
With her so fetred in paynes dolourous

Alas shall pyte be frome her expyled
whiche all vertues hath so vndefyled

Thus in my mynde whan I had engraued
Her goodly countenaunce and fayre fygure
It was no wonder that I was amased
My herte and mynde she had so tane in cure
Nothynge of loue I durst to her dyscure
yet for bycause I was in her presence
I toke acquayntaunce of her excellence

My herte was drenched in grete sorowe depe
Though outwardly my countenaunce was lyght
The inwarde wo in to my herte dyde crepe
To hyde my payne it was grete force and myght
Thus her swete beaute with a sodayne syght
My herte hath wounded whiche must nedes obeye
Unto suche a sorowe now alas welawaye

For she is gone and departed ryght ferre
In her countre where she doth abyde
She is now gone the fayre shynynge sterre
O lady Uenus I pray the proupde
That I may after at the morowe tyde
And by the waye with herte ryght rygoryous
To subdue myn enemyes contraryous

And yet thy grace moost humbly I praye
To sende thy sone lytell Cupyde before
With louynge letters as fast as thou maye
That she may knowe some what of paynes sore
Whiche for her sake I suffre euermore
Now lady Uenus with my hole entente
     Pleasure.   N.ij.

Of lyfe oꝛ dethe J byde thy Jugement

Well than fayd Uenus J haue perfeueraunce
That you knowe fomwhat of myghty power
Whiche to my courte fue foꝛ acquayntaunce
To haue releafe of your grete paynes fower
Abyde a whyle ye muft tary the hower
The tyme renneth towarde ryght faft
Joy cometh after whan the foꝛowe is paft

Alas J fayd who is fettred in chaynes
He thynketh longe after delyueracyon
Of his grete wo and eke moꝛtall paynes
Foꝛ who abydeth paynfull penaunce
Thynketh a ſhoꝛte whyle a longe contynuaunce
Who may not fpeke with her he loueth beſte
Jt is no wonder thoughe he take no refte

Abyde quod ſhe you muft a whyle yet tary
Though to haue comfoꝛte ye ryght longe do thynke
J ſhall pꝛouyde foꝛ you a lectuary
Whiche after foꝛowe into your herte ſhall fynke
Though you be bꝛought now vnto dethes bꝛynke
Yet dꝛede exyle and lyue in hope and truſt
Foꝛ at the laft you ſhall attayne your luft

And fpecyally J gyue to you a charge
To fyxe your loue foꝛ to be true and ſtable
Upon your lady and not to fle at large
As in fundꝛy wyfe foꝛ to be varyable
In coꝛrupte thoughtes vyle and culpable
Pꝛepence nothynge vnto her dyſhoneſte
Foꝛ loue dyſhoneft hath no cꝛtaynte

And sythen that I was cause you begone
Fyrst for to loue I shall a letter make
Unto your lady/and sende it by my sone
Lytell Cupyde/that shall it to her take
That she your sorowe may detray or slake
Her harded herte it shall well reuolue
With pyteous wordes that shall it desolue

And ryght anone as the maner foloweth
She caused sappence a letter to wryte
Lo what her fauoure vnto me auapleth
Whan for my sake she dyde so well endyte
As I shall shewe in a shorte respyte
The gentyll fourme and tenoure of her letter
To spede my cause for to attayne the better.

CThe copy of the letter.   Ca.xxxj.

Ight gentyll herte of grene flourynge age
The sterre of braute and of famous porte
Consyder well that your lusty courage
Age of his cours must at the last transporte
Now trouth of ryght dooth our selfe exorte
That you your youth in ydlenes wyll spende
Withouten pleasure to brynge it to an ende

What was the cause of your creacyon
But man to loue the worlde to multeply
As to sowe the sede of generacyon
With feruent loue so well conuenyently
The cause of loue engendreth perfytely
Upon an entente of dame Nature
Whiche you haue made so fayre a creature

Than of dame nature what is the entent
        Pleasure.   N.iij.

But to accomplysshe her fayre sede to sowe
In suche a place as is conuenyent
To goddes pleasure for to encrease and growe
The kynde of her ye may not ouerthrowe
Say what ye lyst ye can nothynge deny
But otherwyle ye thynke full pryuely

What the man is and what he can do
Of chambre werke as nature wyll agre
Though by experyence ye knowe nothynge therto
Yet ofte ye muse and thynke what it may be
Nature prouoketh of her stronge degre
You so to as hath ben her olde guyse
Why well you than the true loue dyspyse

In your courte there is a byll presented
By graunde amoure whose herte in dures
You fast haue fettred not to be absented
Frome your persone with mortall heuynes
His herte and seruyce with all gentylnes
He to you oweth as to be obedyent
For to fulfyll your swete commaundement

What you auayleth your beaute so fayre
Your lusty youthe and gentyll countenaunce
Without that you in your mynde wyll repayre
It for to spende in Joye and pleasaunce
To folowe the trace of dame natures daunce
And thus in doynge you shall your seruaunt hele
Of his dysease / and hurte you neuer adele

One must you loue it can not be denyed
For harde it is to voyde you of the chaunce

Than loue hym beſt that you haue ſo arayed
with fyzy chaynes fettred in penaunce
Foz he is redy without doubtaunce
In euery thynge foz to fulfyll your wyll
And as ye lyſt ye may hym ſaue oz ſpyll

Alas what payne and moztall wo
were it to you/and ye were in lyke cace
with hym dyſmayde whiche you haue rayed ſo
Wolde you not than thynke it alonge ſpace
In his ſwete herte to haue a dwellynge place
Than in your mynde ye may reuolue that he
Mooſt longe do thynke that Joyfull day to ſe

Is not he yonge bothe wyſe and luſty
And eke deſcended of the gentyll lyne
What wyll you moze haue of hym truly
Than you to ſerue as true loue wyll enclyne
But as I thynke you do now determyne
To fyxe your mynde foz wozldly treaſure
Though in your youth ye leſe your pleaſure

Alas remembze fyzſt your beaute
Your youthe/your courage/and your tender herte
What payne here after it may to you be
Whan you lacke that whiche is true louers deſerte
I tell you this your ſelfe to conuerte
Foz lytell knowe ye of this payne ywys
To lyue with hym in whome no pleaſure is

Where that is loue there can be no lacke
Fye on that loue foz the lande oz ſubſtaunce
Foz it muſt nedes ryght ſoone abacke
  Pleaſure.   N.iiij.

Whan that youth hath no Joy no? pleafaunce
In the party with natures fuffycyfaunce
Than wyll you fo? the fynne of aueryche
Unto your youth do fuche a p?eiudyce

Thus fyth?en nature hath you well endued
With fo moche beaute/and dame grace alfo
Your bertuous maners hath fo moche renued
Ex?yle dyfdayne and let her frome you go
And alfo ftraungenes bnto loue the fo
And let no couetyfe your true herte fubdue
But that in Joye ye may your youthe enfue

Fo? of J loue the goddes dame Uenus
Ryght well to knowe that in the wo?lde is none
That bnto you fhall be mo?e Joyous
Than graunde amoure that loueth you alone
Syth he fo dyde it is many dayes agone
Who euer fawe a fay?e yonge herte fo harde
Whiche fo? her fake wolde fe her true loue marde

And fo fhall he without ye take good hede
Yf he fo be/ye be caufe of the fame
Fo? loue with dethe wyll ye rewarde his mede
And yf ye do ye be to moche to blame
To loue bnloued ye knowe it is no game
Wherfo?e me thynke ye can do no leffe
But with your loue his paynes to red?effe

Yf ye do not this may be his fonge
Wo wo?the the tyme that euer he you met
Wo wo?the your herte fo doynge hym w?onge
Wo wo?the the houre that his true herte was fet

wo worthe dyſdayne that wolde his purpoſe let
wo worthe the floure that can do no bote
wo worthe you that perſt hym at the rote

wo worthe my loue the cauſe of my ſorowe
wo worthe my lady that wyll not it releace
wo worthe fortune bothe euen and morowe
Wo worthe trouble that ſhall haue no peace
wo worthe cruelte that may neuer ſeaſe
wo worthe youthe that wyll no pyte haue
wo worthe her that wyll not her loue ſaue

wo worthe the truſte without aſſuraunce
wo worthe loue rewarded with hate
wo worthe loue replete with varpaunce
wo worthe loue without a frendely mate
wo worthe the herte with loue at debate
wo worthe the beaute whiche toke me in ſnare
Wo worthe her that wyll not ceaſe my care

wo worthe her maners and her goodlynes
wo worthe her eyes ſo clere and amyable
wo worthe ſuche cauſe of my grete ſckenes
wo worthe pyte on her not tendable
wo worthe her mynde in dyſdayne ſo ſtable
wo worthe her that hath me fettred faſte
And wo worthe loue that I do ſpende in waſte

Wherfore of ryght I pray you to remembre
All that I wryte vnto you ryght nowe
How your true loue is of aege but tendre
His humble ſeruyce we pray you alowe
And he hym ſelfe ſhall euermore enprowe

you for to please and gyue the soueraynte
How can you haue a more true loue than he

And fare ye well there is no more to say
Under our sygnet in our courte ryall
Of Septembre the two and twenty day
She closed the letter and to her dyde call
Cupyde her sone so dere and specyall
Commaundynge hym as fast as he myght
To labell pucell for to take his flyght

So dyde Cupyde with the letter flye
Unto labell pucelles domynacyon
There that he spedde full well and wonderlye
As I shall after make relacyon
But to my mater with breuyacyon
A turtle I offred for to magnefye
Dame Uenus hye estate to gloryfye

She me exorted for to be ryght hardy
Forthe on to trauayle and to drede nothynge
I toke my leue of her full humbly
And on my way as I was rydynge
This Godfrey gobylyue came rennynge
With his lytell nagge and cryed tary tary
For I wyll come and bere you company

And for bycause that I was than full sadde
And by the waye he made me good game
To haue his company I was somwhat gladde
I was not proude I toke of hym no shame
He came to me and sayd ye are to blame
So to ryde lourynge for a womans sake

ᚢnto the deuyll J do them all betake

℃They be not ſtedfaſt but chaunge as the mone
Whan one is gone they loue an other ſone
Who that is ſyngle and wyll haue a wyfe
Ryght out of Joye he ſhall be brought in ſtryfe
Thus whan Godfrey dyde ſo mery make
There dyde a lady vs ſone ouer take
And in her hande ſhe had a knotted whyppe
At euery yerte ſhe made Godfrey to ſkyppe
Alas he ſayd that euer J was borne
Now am J take for all my mocke and ſcorne
J loked about whan that J herde hym crye

Seynge this lady on her palfray ryde hye
Madame I sayd I pray you me tell
Your propre name and where that ye dwell
My name quod she is called correccyon
And the toure of chastyse is my mancyon
This stronge thefe called false reporte
With bylayne courage and an other sorte
And vyle perlers false coniecture
All these I had in pryson full sure
But this false reporte hath broken pryson
With his subtyll crafte and euyll treason
And this Iourney pryuyly to spede
He hath cladde hym in this foles wede
Now haue I answered you your questyon
And I pray you of a lyke solucyon
You seme me thynke for to be a knyght
I pray you tell me fyrst your name a ryght
My name quod I is la graunde amoure
A well quod she you are the perfyte floure
Of all true louers as I do well knowe
You shall atteyne la belle pucell I trowe
I knowe ryght well ye are aduenturous
Onwarde your way to the toure peryllous
And for asmoche as the nyght is nere
I humbly pray you for to take the chere
That I may make you in my toure this nyght
It is here by you shall of it haue syght
And I pray you to helpe me to bynde
This false reporte as you sholde do by kynde
What Godfrey quod I wyll ye chaunge your name
Nay nay quod he it was for no shame
But alas for wo that she hath me taken
I must obey it can not be forsaken

His fete were fettred vnder nethe his nagge
And bounde his handes behynde to his bagge
Thus correccyon with her whyp dyde dryue
The lytell nagge with Godfrey gobylyue
Tyll at the last we gan to approche
Her ryall toure vpon a craggy roche
The nyght was come for it was ryght late
yet ryght anone we came vnto the gate
Where we were lete in by dame mesure
That was a fayre and a goodly creature
And so correccyon brought me to the hall
Of gete well wrought glased with crystall
The rofe was golde and a myddes was sette
A carbuncle that was large and grette
Whose bertue clere in the hall so bryght
About dyde cast a grete meruaylous lyght
So forthe we wente in to a chambre fayre
Where many ladyes dyde them selfe repayre
And at our comynge than incontynent
They welcomed vs as was conuenyent
But of correccyon they were very gladde
Whiche false reporte agayne taken hadde
There was quene Panthasyle with penalape
Quene Helayne/and quene menalape
Quene Ithelyle and querie procerpyne
The lady Meduse and yonge Polyxyne
With many mo that I do not reherce
My tyme is shorte I must fro them reuerce
And dame correccyon into a chambre ledde
Me ryght anone for to go to my bedde
What nede I shewe of my grete chere and rest
I wanted nought but had all of the best
And so I slepte tyll that aurora clere

Began to ſhyne a myddes her golden ſpere
Than vp I roſe and my verlet alſo
Whiche made me redy and to my ſtede dyde go
And dame correccyon at this morowe tyde
Dyde me entrete a whyle to abyde
And ryght anone my brekefaſt was brought
To make me chere there wanted ryght nought
And after this dame correccyon
Dyde lede me to a meruaylous dongeon
And fyrſt ſhe ledde me to the vpper warde
Where ſhamefaſtenes dyde vs well regarde
For he was Jayler and had at his charge
Every rebell not for to go at large
In the fyrſt warde there wente to and fro
Bothe men and women that myght no ferther go
But yet they hoped for to haue releue
Of theyr impryſon whiche dyde them ſo greue
Theſe pryſoners whan true loue was mcued
They wolde dryue of and not releaſe the greued
And for this cauſe by egall Jugement
Lyke as they dyde here hath they punyſſhement
And ſhamefaſtnes lower dyde vs brynge
Where we ſawe men that were in tormentynge
With many ladyes that theyr mouthes gagged
And fals reporte on me his heed wagged
Than ryght anone a lady gan to ſcrape
His furde tonge that he cryed lyke an ape
And vyle peller in lyke wyſe alſo
His tonge was ſcraped that he ſuffred wo
And yet we wente in to a deper bale
Where I ſawe men that were in grete bale
In holly buſſhes they dyde hange a lofte
Theyr hedes downewarde for to fall vnſofte

And two ladyes dyde theyr bodyes bete
With knotted whyppes in the fleshe to frete
That the desyre it sholde sone aswage
And specyally of the vylayne courage
These men with sugred mouthes so eloquente
A maydens herte coude ryght soone relece
And these yonge maydens for to take in snare
They fayne grete wo and for to suffre care
The folysshe maydens dyde byleue they smarted
That to theyr wyll the men them converted
Thus whan that they had them so begyled
And with theyr fraude these maydens defyled
They cast them of they toke no lenger kepe
Go where ye lyst though they crye and wepe
Therfore these ladyes with theyr whyppes harde
Theyr bodyes bete that theyr bodyes hath marde
And euery man as he hath deserued
A payne there is whiche is for hym obserued
Thus whan I had all the pryson sene
With the tourmente of many a one I wene
And forthe we wente agayne to the hall
My stede was redy and brought to the wall
And of the ladyes clere in excellence
I toke my leue with all due reuerence
And thanked correccyon with my herte entere
Of my repose and of her louynge chere
To me she sayd remembre you well
Of the swete beaute of Labelle pucell
Whan you her herte in fettres haue chayned
Lete her haue yours in lyke wyse retayned
Loke that your herte / your worde / and countenaunce
Agre all in one withouten varyaunce
Yf she for pyte do release your payne

Confyder it and loue her beſt agayne
Be true and ſecrete and make none aduaunte
Whan you of loue haue a perfyte graunte
And yf ye wyll come vnto your wyll
Bothe here and ſe and than holde you ſtyll
Drede you nothynge but take a good herte
For ryght ſoone after you frome hens departe
Ryght hygh aduentures vnto you ſhall fall
In tyme of fyght vnto your mynde than call
Yf you preuaple you ſhall attayne the fame
Of hye honoure to certefye the ſame
And therwith I lyght vpon my ſtede
Madame I ſayd I pray god do you mede
Fare well ſhe ſayd for you muſt now hens
Adue quod I with all my dylygens.

⸿How graunde amoure dyſcomfyted the gyaunt
with thre hedes ⁊ was receyued of thre fayre ladyes.
⸿Ca.xxxiij.

Han golden Phebus in the Capricorne
Gan to ascende fast vnto aquary
And Janus byftus ꝑ crowne had worne
With his frosty berde in January
Whan clere Dyana Joyned with mercury
The cryftyall ayre and asured fyrmamente
Were all depured without encumbremente

For the than I rode at myne owne aduenture
Ouer the mountaynes and the craggy rockes
To beholde the countrees I had grete pleasure
Where corall growed by ryght hye stockes
And the popyngayes in the tre toppes
      Pleasure.   D.i.

Than as I rode I sawe me beforne
Besyde a welle hynge bothe a shelde and a horne

Whan I came there / adowne my stede I lyght
And the fayre bugle I ryght well behelde
Blasynge the armes as well as I myghte
That was so grauen vpon the goodly shelde
Fyrst all of syluer dyde appere the felde
With a rampynge lyon of fyne golde so pure
And vnder the shelde there was this scrypture

Yf ony knyght that is aduentarous
Of his grete pryde dare the bugle blowe
There is a gyaunte bothe fyerce and rygoryous
That with his myght shall hym soone ouerthrowe
This is the waye as ye shall now knowe
To la belle pucell but withouten fayle
The sturdy gyaunte wyll gyue you batayle

Whan I the scrypture ones or twyes hadde redde
And knewe therof all the hole effecte
I blewe the horne without ony drede
And toke good herte all fere to abiecte
Makynge me redy for I dyde suspecte
That the grete gyaunte vnto me wolde hast
Whan he had herde me blowe so loude ablast

I alyght anone vpon my gentyll stede
Aboute the well then I rode to and fro
And thought ryght well vpon the Ioyfull mede
That I sholde haue after my payne and wo
And of my lady I dyde thynke also
Tyll at the last my varlet dyde me tell

Take hede quod he here is a fende of hell

My grephoundes leped and my stede dyde stert
My spere I toke and dyde loke aboute
With hardy courage I dyde arme my herte
At last I sawe a sturdy gyaunte stoute
Twelue fote of length to fere a grete route
Thre hedes he had and he armed was
Bothe hedes and boody all aboute with bras

Upon his fyrst hede in his helmet creest
There stode a fane of the sylke so fyne
Where was wryten with letters of the best
My name is falshed I shall cause enclyne
My neyghboures goodes for to make them myne
Alwaye I gete theyr lande or substaunce
With subtyll fraude deceyte or baryaunce

And whan a knyght with noble chyualry
Of la belle pucell sholde attayne the grace
With my grete falshed I werke so subtylly
That in her herte she hath no dwellynge place
Thus of his purpose I do lete the cace
This is my power and my condycyon
Loue to remoue by a grete yllusyon

And of the seconde hede in a sylken tassell
There I sawe wryten ymagynacyon
My crafty wytte is withouten fayle
Loue for to brynge in perturbacyon
Where la belle pucell wolde haue affeccyon
To graunde amoure I shall a tale deuyse
To make her hate hym and hym to despyse
      Pleasure.   Dis.

By my fals wytte fo moche ymagynatyfe
The trouthe full ofte I brynge in dyfeafe
Where as was peas I caufe to be ftryfe
I wyll fuffre no man for to lyue in eafe
For yf by fortune he wyll be dyfpleafe
I fhall of hym ymagyn fuche a tale
That out of Joy it fhall torne in to bale

And on the thyrde hede in a ftremer grene
There was wryten my name is pariury
In many a towne I am knowen as I wene
Where as I lyft I do grete Iniury
And do forfwere my felfe full wrongfully
Of all thynges I do hate confcyence
But I loue lucre with all dylygence

Betwene two louers I do make debate
I wyll fo fwere that they thynke I am true
For euer falfhed with his owne eftate
To a lady cometh and fayth to efchewe
An inconuenyence that ye do not rue
Your loue is nought ymagynacyon knoweth
I fwere in lykewyfe and anone fhe troweth

That we haue fayd is of veray trouthe
Her loue fhe cafteth ryght clene out of mynde
That with her loue fhe is wonderly wrothe
With fayned kyndnes we do her fo blynde
Than to her louer fhe is full vnkynde
Thus our thre powers were Joyned in one
In this myghty gyaunt many dayes agone

And whan that I had feen euery thynge

My spere I charged that was veray gretté
And to this gyaunt so fyerfly compynge
I toke my course that I with hym mette
Brekynge my spere vpon his fyrst helmet
And ryght anone adowne my stede I lyght
Drawynge my swerde that was fayre and bryght

yclypped Claraprudence that was fayre and sure
At the gyaunte I stroke with all my balyaunce
But he my strokes myght ryght well endure
He was so grete and huge of puyssaunce
His glayue he dyde agaynst me aduaunce
Whiche was .iiij. fote and more of cuttynge
And as he was his stroke dyschargynge

Bycause his stroke was heuy to bere
I lepte a syde frome hym full quyckely
And to hym I ranne without ony fere
Whan he had dyscharged agayne full lyghtly
He rored loude and sware I sholde abye
But what for that I stroke at hym fast
And he at me but I was not agast

But as he faught he had a vauntage
He was ryght hye and I vnder hym lowe
Tyll at the last with lusty courage
Upon the syde I gaue hym suche a blowe
That I ryght nere dyde hym ouerthrowe
But ryght anone he dyde his myght enlarge
That vpon me he dyde suche strokes dyscharge

That I vnneth myght make resystence
Agaynst his power for he was so stronge
     Pleasure.   D.iij.

I dyde defende me agaynst his vyolence
And thus the batayle dured full ryght longe
Yet euermore I dyde thynke amonge
Of la belle pucell whome I sholde attayne
After my batayles to release my payne

And as I loked I sawe than auale
Fayre golden Phebus with his beames rede
Than vp my courage I began to hale
Whiche nyghe before was agone and dede
My swerde so entred that the gyaunt blede
And with my strokes I cut ot anone
One of his legges amyddes the thye bone

Than to the grounde he adowne dyde fall
And vpon me he gan to loure and glum
Enforcynge hym so for to ryse with all
But that I shortely vnto hym dyde cum
With his thre hedes he spytte all his venum
And I with my swerde as fast as coude be
With all my force cut of his hedes thre

Whan I had so obtayned the vyctory
Vnto me than my varlet well sayd
You haue demeaned you well and worthely
My greyhoundes lepte and my stede than brayde
And than frome ferre I sawe well arayde
To me come rydynge thre ladyes ryght swete
Forthe than I rode and dyde with them mete

The fyrst of them was called veryte
And the seconde good operacyon
The thyrde also clypped fydelyte

All they at ones with good oppynyon
Dyde grue to me grete laudacyon
And me beseched with theyr herte entere
With them to rest and to make good chere

I graunted them and than backewarde we rode
The myghty gyaunte to se and beholde
Whose huge body was more than fyue carte lode
Whiche lay there bledynge that was almoost colde
They for his dethe dyde thanke me many a folde
For he to them was enmy mortall
Wherfore his thre hedes they toke in specyall

And than berpte on the fyrst fane
Dyde sette a lofte of falshode the hede
And good operacyon in lykewyse had tane
Of ymagynacyon that full sore than bledde
Upon his hede alofte vpon his baner rede
And in lyke wyse fydelyte had serued
Periurpes hede as he had well deserued

And with swete songes and swete armony
Before me they rode to theyr fayre castell
So forthe I rode with grete Joy and glory
Unto the place where these ladyes dyde dwell
Sette on a rocke besyde a sprynge or a well
And fayre obseruaunce the goodly portres
Dyde vs receyue with solempne gladnes

Than to a chambre that was very bryght
They dyde me lede for to take myn ease
After my trouble and my grete sturdy fyght
But thre woundes I had causynge my dysease

My payne and wo they dyde soone appeafe
And heled my woundes with falue aromatyke
Tellynge me of a grete gyaunt lunatyke

Whofe name truely was called baryaunce
Whome I fholde mete after my departynge
Thefe ladyes vnto me dyde grete pleafaunce
And in meane whyle as we were talkynge
For me my fouper was in ordenynge
Thus whan by temperunce it was prepared
And than to it we wente and ryght well fared

Tell me quod veryte yf you be content
What is your name fo hye aduenturous
And who that you in to this cofte hath fent
Madame I fayd I was fo amorous
Of la belle pucell fo fayre and beauteuous
La graunde amoure truely is my name
Whiche feke aduentures to attayne the fame

Aha quod fhe I thought afmoche before
That you were he for your grete hardynes
La belle pucell muft loue you euermore
Whiche for her fake in your hye nobles
Dooth fuche actes by chyualrous exces
Her gentyll herte may nothynge deny
To rewarde your mede with loue full feruently

Thus dyde we paffe tyme in all maner of Joye
I lacketh nothynge that myght make me folace
But euermore as noble Troylus of Troye
Full ofte I thought on my fayre ladyes face
And her to fe/a moche lenger fpace

whan tyme was come to reſt I was brought
Ill to me longynge there lacked ryght nought

what ſholde I wade by perambulucyon
My tyme is ſhorte and I haue ferre to ſayle
Unto the lande of my concluſyon
The wynde is eeſt ryght ſlowe without fayle
To blowe my ſhyppe of dylygent trauayle
To the laſte ende of my mater troublous
with wawes encloſed ſo tempeſtyous

Ryght in the morowe whan Aurora clere
Her radyaunt beames began for to ſprede
And ſplendent Phebus in his golden ſpere
The cryſtall ayre dyde make fayre and rede
Derke Dyane declynynge pale as ony lede
whan the lytell byrdes ſwetely dyde ſynge
Laudes to theyr maker erly in the mornynge

℄Ca. xxxiij.

UP I aroſe and dyde make me redy
for I thought longe vnto my iourneys ende
My greyhoundes lepte on me ryght meryly
To chere me forwarde they dyde condyſcende
And the thre ladyes my chere to amende
A good brekefaſt dyde for me ordayne
They were ryght gladde the gyaunt was ſlayne

I toke my leue and on my way I rode
Thorrugh the wodes and on rokkes hye
I loked about and on the hyll abode
Tyll in the vale I ſawe full haſtely
To me come rydynge a lady ſykerly
I well behelde the hye way ſo vſed
Pleaſure.   P.i.

But of this lady ryght often I mused

Tyll at the last we dyde mete to gyder
Madame I sayd the hye god you saue
She thanked me and dyde axe me wheder
That I so rode and what I wolde haue
Truly quod I nothynge ellys I craue
Of the hye god but to be so fortunate
La belle pucelle to haue to my mate

What is your name than sayd she
La grounde amoure forsothe madame quod I
Than was she glad as ony one myghte be
And sayd she was sente fro myn owne lady
Tydynges I sayd I pray you hertely
Your lady quod she is in persyte helthe
And wolde be gladde to here of your welthe

She promysed you in a gardyn grene
To loue you best of ony creature
So dooth she yet as I thynke and wene
Though that dysdayne brought her to her lure
But of her herte nowe you shall be sure
Be of good chere and for nothynge dysmaye
I spake with her but now this other daye

And she my selfe vnto you hath sente
My name is called dame Perceueraunce
A lytell before that I frome her wente
To her came Cupyde with grete cyrcumstaunce
And brought a letter of Uenus ordenaunce
Whiche vnto her he dyde anone presente
Whan she it redde and knewe the entente

All inwardly full wonderly dysmayed
withonten worde she dyde stonde ryght styll
Her harded herte was full well declayed
what for to do she knewe not good or yll
you for to helpe or lete you so spyll
Dysdayne and straungenes dyde stonde then therby
Seynge her countenaunce they gan to drawe ny

Madame quod they why are you so sadde
Alas quod she it is no meruayle why
Ryght nowe of Cuppde a letter I hadde
Sent fro Uenus full ryght merueylously
By whiche I haue perceyued vtterly
That a yonge knyght called graunde amoure
Dooth for my sake suffre suche doloure

That of constraynte of wofull heuynes
He is nere deed all only for my sake
Shall he now dye or shall I hym reles
Of his grete wo and to my mercy take
Abyde quod straungenes and your sorowe slake
Haue you hym sene in ony tyme before
yes yes quod she that doth my wo restore

At pentycost nowe many dayes agone
Musyke to here at grete solempnyte
To and fro he walked hym selfe all alone
In a grete temple of olde antyquyte
Tyll that by fortune he had aspyed me
And ryghte anone or that I was ware
To me he came I knewe nought of his care

He semyd gentyll his maners ryght good
          Pleasure.   P.ij.

I behelde ryght well all his condycyon
Humble of chere and of goodly mode
But I thought nothynge of his afflyccyon
But his hauoyr shewed the occasyon
Of feruente loue as than in myn entente
I ofte dyde deme and gyue a Iugemente

So after this I dyde than sone departe
Home to my countree where I dyde abyde
Whan I was gone full heuy was his herte
As Cupyde sayth I must for hym prouyde
A gentyll remedy at this sodayne tyde
And for my sake he is aduenturous
To subdue myn enmyes contraryous

I quod dysdayne knowe ye his substaunce
Why wyll you loue suche a one as he
Though he seme gentyll and of good gouernaunce
You shall haue one of ferre hyer degre
He is nothynge mete as it semeth me
To be your fere your fauoure to attayne
What is it to you though he suffre payne

Coude your selfe lete his eyen to haue a syght
Of your beaute or his herte to be sette
What skylleth you though that he dye this nyght
You called hym not whan he with you mette
And he wyll loue you/ye can not hym lette
Be as be may ye shall haue myn assente
Hym for to forsake as is moost expedyente

Alas madame than sayd dame straungenes
Whan he cometh hyder your courage abate

Loke hye vpon hym be ware of mekenes
And thynke that you shall haue an hye astate
Lete not graunde amoure say to you chekmate
Be straunge vnto hym as ye knowe nothynge
The perfyte cause of his true compynge

And in meane whyle came to her presence
Dame peas and mercy and to her they sayde
Alas madame consyder your excellence
And how your beaute hath hym so arayed
yf thou haue hym ye may be well apayed
And doubte thou not yf that ye loue for loue
God wyll sende ryches to come to your aboue

Wyll you for loue lete hym dye or peryshe
Whiche loueth you so with feruente desyre
And you your selfe may his sorow mynyshe
That with your beaute set his herte a fyre
your swete lokes dyde his herte enspyre
That of fyne force he must to you obey
To lyue or dye there is no more to say

Alas quod peace wyll ye lete hym endure
In mortall payne withouten remedy
Sythen his herte you haue so tane in cure
your hasty dome loke that ye modefy
Exyle dysdayne and straungenes shortely
And sende perceueraunce as fast as ye may
To comforte hym in his troublous Journey

Than in her mynde she gan to reuolue
The louynge wordes of mercy and peace
Her hardy herte she gan for to dyssolue
          Pleasure.   P.iii.

And inwardly she dyde to me rtleace
Her perfyte loue my grete payne to ceace
And dyde exyle than frome her to wyldernes
Bothe dame dysdayne and eke dame straungenes

And dyde me sende to you incontynent
With this goodly shelde that ye sholde it were
For her swete sake as is conuenyent
It is sure ye shall not nede to fere
The stroke of swerde or yet the grate of spere
She prayeth you for to be of good chere
Aboue all men ye are to her moost dere

Now sayd perceueraunce I pray you repose
This longe nyght with my cosyn comforte
A gentyll lady as ony may suppose
She can you tell and also well exorte
Of la belle pucell with a true reporte
I thanked her of her grete goodnes
And so we rode with Joye and gladnes

Tyll that we came vnto a manoyr place
Moted aboute vnder a wood syde
Alyght she sayd for by ryght longe space
In payne and wo you dyde euer abyde
After an ebbe there cometh a flowynge tyde
So downe I lyght frome my goodly stede
After my payne to haue rest for my mede

Than dame perceueraunce on the way me ledde
In to the place where dyde vs gentylly mete
The lady comforte without ony dredde
With countenaunce that was demure and swete

In goodly maner she dyde vs than grete
Ledynge vs to a chambre precyous
Dulcet of odoure and moost solacyous

And preuely she axed a questyon
Of perceueraunce what I called was
La graunde amoure without abusyon
Colyn quod she he dooth all louers pas
Lyke as dooth Phebus in the pured glas
So dooth his dedes extoll the souerapnte
Of the derke gyauntes by hye auctoryte

Whan she it knewe she was of me ryght fayne
Nothynge I lacked that was to my pleasaunce
After my trauayle and my wofull payne
Good meet and drynke I had to sustenaunce
We sate togyder by longe contynuaunce
But euermore comforte gaue exortacyon
To me of pacyence in trybulacyon

Thynke well quod she that in the worlde is none
Whiche can haue pleasure without wo and care
Joye cometh after whan the payne is gone
Was neuer man that was deuoyde or bare
Alway of Joye after his wofull snare
Who knoweth payne and hath ben in trouble
After his wo his Joye is to hym double

It may so fortune that la belle pucell
Hath dyuers frendes that be not contente
That her fauour ye sholde attayne so well
For you of them she may often be shente
            Pleasure.   P.iiij.

But what for that she shall not her repente
And yf her frendes be with you angry
Suffre theyr wordes and take it pacyently

Agaynst theyr yll do vnto theym good
Theym for to please be alwaye dylygente
So shall you swage the tempestyous flood
Of theyr stormy myndes so impacyente
And inwardly they shall theym selfe repente
That they to you haue contraryous
In suche fyry angry hote and furyous

Thus by your wysdome ye shall them so wynne
Unto your frendes that dyde you so hate
For it is reason you sholde obey youre kynne
As by obedyence bothe erly and late
Make theym your frendes withoute the debate
For euermore the spyryte of pacyence
Doth ouercome the angry vyolence

Be hardy bolde and also couragyous
For after that ye be gone frome hence
You shall mete with a graunte rygoryous
Hauynge seuen hedes of yll experyence
You shall subdue hym with your prudence
And other aduétures shall vnto you fall
Whiche fame shall cause to be memoryall

Whan it was tyme I was brought to bedde
So all the longe nyght I endured in rest
With suche a slouthe I taken was my hedde
That my softe pylowe I founde a good gest
For longe before I was so opprest
With inwarde trouble that I myght not slepe

But ofte wake and fygh with teres depe.

Han mornynge came vp anone I rofe
And armed me as faft as I myght
forthe for to trauayle vnto my purpofe
I toke my leue and on my ftede I lyght
Thankyng dame coforte of her ÿ nyght
Se with perfeueraunce in my company
forthe on the waye we rode full merely

Ouer the hethe tyll we fawe frome ferre
A ryall caftell ryhgt ftrongly fortefyed
Bulwerke aboute accuftomed for warre

On a craggy roche it was so edyfyed
Walled with gete so clerely puryfyed
To whiche we rode and drewe nere and nere
Tyll in our syght dyde openly apere

A myghty gyaunt.xv.fote of length
With hedes seuen and armed full sure
He semed well to be a man of strength
Than quod perceraunce ye must put in vre
This daye your power in honoure to endure
Agaynst this gyaunt your mortall enimy
Be of good chere you shall haue vyctory

Besyde this gyaunt vpon euery tre
J dyde se hange many a goodly shelde
Of noble knyghtes that were of hye degre
Whiche he had slayne and murdred in the felde
Frome ferre this gyaunt J ryght well behelde
And towarde hym as J rode my way
On his fyrst hede J sawe a baner gay

Wherin was wryten dyssymulacyon
Whose nature false is full of slatery
That vnder a fayned commendacyon
Can cloke a mocke and fraude full subtylly
So dooth he loue deceyue ofte pryuely
For the blynde loue dooth perceyue ryght nought
That vnder hony the poyson is wrought

And the seconde hede was a baner blewe
In whiche was wryten in letters ryght whyte
Delay my name is that can longe eschewe
A true louer with my fatall respyte

That loue for loue shall not hym acquyte
For euermore I lye ofte in awayte
Loue to delay and caste hym frome conſayte

On the thyrde heed in a baner ſquare
All of reed was wryten dyſcomforte
Cauſynge a louer for to drowne in care
That he of loue shall haue no reporte
But lokes hye his hertte to tranſporte
And Jelmy ſelfe shall hym ſo aſſayle
That he in loue shall nothynge preuayle

On the fourthe heed on the helmet creſte
There was a ſtremer ryght whyte large and longe
Where on was wryten with byſe of the beſte
My name is varpaunce that euer amonge
The mynde of loue dooth chaunge with grete wronge
That a true louer can not be certayne
Loue for his mede ryght ſtedfaſt to retayne

And yet a lofte on the fyfte helmet
In a blacke baner was wryten enuy
Whoſe hertte euer inwardly is fret
Whan graunde amoure sholde attayne his lady
He muſeth ofte in hym ſelfe inwardly
To let the lady for to ſette her hertte
On graund amoure for to releaſe his ſmerte

In a ruſſet baner on the .vj. hede
There was wryten this worde detraccyon
That can open in a courtte ſtede
His ſubtyll male replete with treaſon
To cauſe a lady to haue ſuſpeccyon

Unto her true louer with his bytter tale
That she her loue frome hym than dyde hale

On the .vij. hede in a baner of rych s
Was wryten with letters all of grewe
My name truely is called doublenes
Whiche I do owe vnto all ladyes trewe
At a tyme vnware my dette shall be dewe
To graunde amoure for to make hym repente
That he his loue on la belle pucell spente

Whan in my mynde I had well agregate
Euery thynge that I in hym had sene
Bothe of his heed and of his hye estate
I called for helpe vnto the heuen quene
The day was fayre the sonne was bryghte and shene
Besyde a ryuer and a craggy roche
This gyaunt was whiche spyed me approche

He hurtled aboute and kest his shelde afore
And toke his axe of myghty fortytude
That was of length .xx. fote and more
Whiche he had vsed by longe consuetude
To daunce true louers and theyr power exclude
I toke my spere and dyde it well charge
And with hardynes I made my force enlarge

I toke my course and to the gyaunte ranne
On his seconde hede brekynge than a sonder
My myghty spere that he to tore beganne
With so bace a crye that I had grete wonder
His seuen hedes so tored lyke the thonder
Ryght frome my stede I lyght to the grounde

And dꝛewe clara pꝛudence that was hole and sounde

The myghty gyaunte his axe dyde vplyfte
Upon my hede that the stroke sholde fall
But I of hym was full ware and swyfte
I lepte a syde so that the stroke withall
In the grounde lyghted besyde a stone wall
Thꝛe fote and moꝛe/and anone than I
Dyde lepe vnto hym strykynge full quyckly

But aboue me he had suche altytude
That I at hym coude haue no full stroke
He stroke at me with many strokes rude
And called me boye and gaue me many a mocke
At the last he sayd I shall gyue the a knocke
That with thy bꝛaynes I shall the trees depaynte
Abyde quod I thou shalte be fyꝛst full faynte

And ryght anone I by me espyed
On the rockes syde.xij.steppes full sure
And than ryght fast I vpon theym hyed
That we were bothe aboute one stature
My strength I doubled and put so in vꝛe
The grete strokes that I cut of anone
Syxe of his hedes leuynge hym but one

Whan he felte hymselfe hurte so greuously
He stretched hym vp and lyfte his axe a lofte
Strykynge at me with strokes wonderly
But I full swyftely dyde gyue backe full ofte
Foꝛ to deuoyde his grete strokes vnsofte
Whan he sawe this he thought hym foꝛloꝛe
With a hydeous voyce he began to toꝛe

The bataple dured bytwene vs ryght longe
Tyl I sawe Phebus declynynge full lowe
I auaunced my swerde that was sure and stronge
And with my myghte I gaue hym suche a blowe
On his seuen hedes that he dyde ouerthrowe
Whan he was downe he gan to crye and yell
Full lyke a serpente, or a feude of hell

Whan I sawe this as fast as myghte be
A downe I came and dyde then vnlace
His seuenth helmet ryght ryche for to se
And hym beheded in a ryght shorte space
And than full soone there came to the place
Perseueraunce and my varlet also
Alas they sayde we were for you ryght wo

But we were glad whan ye had forsaken
The lowe vale and vp the craggy fayre
For your aduauntage the hye waye had taken
Thus as we talked we dyde se ladyes fayre
Seuen in nombre that were debonayre
Upon whyte palfreys eche of them dyde ryde
To vs ryght gentylly frome the castell syde

The fyrst of them was named Stedfastnes
And the seconde amerous puru[e]yaunce
The thyrde was Joye after grete heuynes
The .iiij. of them was dame contynuaunce
And the .v. of them called dame pleasaunce
The .vj. was called reporte famous
The seuenthe ampte to louers dolourous

And ryght anone with all humylyte

They lyghte a downe and than incontynente
Eche after other they came vnto me
I kyssed them with all my hole entente
Hayle knyght they sayde so clere and excellente
Whiche of this gyaunte our hydeous enemy
So worthely hath wonne the vyctory

Ladyes he sayd I am moche vnworthy
So to accepte your grete prayse and fame
They prayed me to kepe them company
I wyll quod I or elles I were to blame
They prayed me to shewe them my name
La graunde amoure it is I sayde in dede
And than sayde they no wonder though ye spede

No doubte it is but ye shall obtayne
La belle pucell so ryght fayre and clere
We were with her exyled by dysdayne
And thenne besyeged in this castell here
With this grete gyaunte more than a hole yere
And you this nyght and it do you please
In this poore castell shall take your ease

I thanked them and so I rode anone
In to the castell of olde foundacyon
Walled aboute with the blacke touche stone
I toke there than my recreacyon
Amonge these ladyes with commendacyon
And whan tyme came that they thought best
To a ryall bedde I was broughte to rest

After my wery and troublous trauayle
I toke myn ease tyll that it was day

Than vp I rofe withoute ony fayle
And made me redy for to ryde my waye
But than anone into the chaumbre gaye
The feuen ladyes came with perfeueraunce
Sayenge they wolde gyue me attendaunce

And brynge me to la belle pucell
Where that fhe is in her courte ryall
And lykewyfe as Phebus doth hye excell
In bryghtnes truely the fayre fterres all
So in beaute and vertue fpecyall
She dothe excede ony erthely creature
That is nowe made by fayre dame Nature

We brake our faft and we made vs redy
To la belle pucelle on our waye to ryde
My ftede was brought I lepte vp fhorthly
So dyde the ladyes they wolde nothynge abyde
Thus forthe we rode at the morowe tyde
Oute of the caftell with all Ioye and pleafure
Forthe on our way at all aduenture.

¶Ca.xxxvj.

SO longe we rode ouer hyll and valey
Tyll that we came in to a wyldernes
On euery syde there wylde bestes lay
Ryght straunge and fyerse in sundry lykenes
It was a place of oysolate derkenes
The ladyes and I were in fere and doubte
Tyll at the last that we were goten oute

Of the grete wood vpon a craggy roche
Whan clere Dyana in the scorpyon
Agaynst fayre Phebus began to approche
For to be at her hole opposycyon
We sawe frome ferre a goodly regyon
Where stode a palays hye and precyous
Beyonde an hauen full tempestyous

Than sayd perseueraunce beholde ye and se
        Pleasure.   Q.i.

yonder is the palays gay and glozyous
Of labelle pucelles grete humylyte
A place of pleasure moost solacyous
But then we spyed a fende fallacyous
Beyonde the hauen at the sure entres
Blowynge out fyze by metuaylous wydnes

The fyze was grete it made the ylonde lyght
He rozed loude it semed lyke the thonder
But as me thought he was of grete myght
To knowe his lykenes we were ferre asonder
But of the fyze we dyde often wonder
We ayed perceueraunce what that it myght be
Alas quod she with fraude and subtylte

Of dame straungenes and of dame dysdayne
Whan la belle pucell dyde them so abiecte
Bycause that they myght not reuerte agayne
With mortall enuy they dyde then coniecte
To make a fende in lykewyse to driecte
Syz graunde amour with the feruent fyze
Of euyll treason to lette his desyze

For dame dysdayne the crafty sozceres
With arte magyke hath wzought full craftely
Of the .vij. metalles a dragon doubtles
And dame straungenes by her nygromancy
Hath closed therin a fende ryght subtylly
That the fyze encenseth by grete outrage
But graunde amoure shall it well aswage

Benethe this roche there is well fortefyed
An olde temple to the laude and glozy

Of wyse dame Pallas it was so edyfyed
we wyll ryde vnto it full lyghtly
And do oblacyon vnto her truely
She wyll vs tell by good experyence
How we may scape the brennynge vyolence

So to the temple of dame Pallas
Anone we rode and dyde lyght adowne
Of depured crystall her hole ymage was
The temple walles were ryght olde and browne
And than ryght soone before her hygh renowne
Prostrate we fell mekely to the grounde
And sodaynly we were caste in a swounde

Thus as we lay in a deedly chaunce
We thought to her we made petycyon
And all in englysshe with longe cyrcumstaunce
She shewed vs all the hole condycyon
Of the meruaylous serpentes operacyon
And dyde shewe vs a perfyte remedy
To withstande all the craft of sorcery

And in lyke wyse as the maner foloweth
In depured verses of crafty eloquence
Euery thynge vnto vs she sheweth
And fyrst of all with all our dylygence
These verses we sayd vnto her excellence
But She with crafty verses eloquent
Gaue vs an answere fuller expedyent

Whan golden Phebus in the fyrst houre
Of his owne day began for to domyne
    Pleasure.   D.ii.

The sorceres the false rote of doloure
All of golde that was so pure and fyne
Of the best made the hede serpentyne
And eke therof she dyde make his face
Full lyke a mayde it was a wonders case

And euery oure as the planettes reyned
She made the serpente of theyr metalles seuen
Tyll she her purpose had fully attayned
And whan fyue bodyes aboue on the heuen
Wente retrograde meruaylously to neuen
With dyuers quartyls and the moone combust
In the dragons tayle to lette a louers lust

These cursed wytches dysdayne and straungenes
Made the monster of a subtyll kynde
To let my purpose and all my gladnes
But that dame pallas of her gentyll mynde
Of meruaylous herbes a remedy dyde fynde
And anone a bore of meruaylous oyntemente
She toke to me to withstonde the serpente

Thus all esmeruayled we dyde than awake
And in my hande I had the oyntemente
Closed in a boxe of whiche I sholde take
To anoynte my harneys for the serpente
Whiche shall deuoyde his fyre so feruente
And my swerde also to cause to departe
Astroth the fende so sette with Magyckes arte.

Than whan the sonne with his bemes mery
Began to ryse in the fayre morowe graye
All about lyghtynge our empysery
Expylynge myttes and derke cloudes awaye
And whan we sawe that it was bryght daye
Nere by the ryuage at the latt we spyed
A goodly shyppe whiche vnto vs fatt hyed

And ryght anone by the ryuage syde
She kett an anker and dyde vs than hayle
With a pele of gonnes at the morowe tyde
Her bonet she baled and gan to ftryke sayle
She was ryght large of thre toppes withoutefayle
Her bote she made oute/and sente to the lande
What that we were to knowe and vnderttande

That so orde walke by the ryuer cott
Pleasure.   M.iij.

And with two ladyes we sodaynly met
So whan that they were come to vs almost
Frome theyr shyp bote curyously counterfet
Hayle knyghte they sayd now frome a lady gret
Called dame pacyence we are hyther sente
To knowe your name/and all the hole extente

What you make here and the ladyes all
Truely quod I ouer this stormy flode
We wolde haue passage now in specyall
Tary she sayde/it were to you not good
There is a serpente euyll ryght fyerse and wode
On the other syde/whiche wyll you denoure
Nay then quod I my name is graunde amoure

I haue dyscomfyted the gyauntes terryble
For la belle pucell the moost fayre lady
And for her sake shall be inuyncyble
Of this grete monster to haue the vyctory
You haue quod they demeaned you nobly
And we anone to our lady pacyence
Wyll gyue of you perfyte Intellygence

Thus they departed and to theyr bote they wente
And the ryall shyppe yclypped perfytnes
They dyde a borde and than incontynente
Unto dame pacyence they gan to expres
My name/myn actes/and all my prowes
Ha ha quod she how gladde may I now be
Whiche in this place may hym bothe here and se

And in grete haft she made them rowe agayne
Towarde the lande withall due reuerence

For to receyue me and the ladyes certayne
And so we than withall our dylygence
Entred the bote without resystence
And dyde aborde than perfytnes so sure
Whiche the grete walwes myght ryght well endure

And pacyence with grete solempnyte
Dyde me receyue and the ladyes also
Welcome she sayd by hye auctoryte
I am ryght gladde that it hath happed so
That la belle pucell must redresse your wo
And on your selfe with your worthy dedes
Of fame and her hath wonne ryghte hye medes

And then theyr anker they weyed in hast
And hopst theyr sayle/whan many a claryon
Began to blowe/the mornynge was past
But Afrycus Auster made surreccyon
Blowynge his belowes by grete occasyon
So forthe we sayled ryght playne southwest
On the other syde where the serpente dyde rest.

℩How graunde amoure dyscomfyted the wonder
full monster of the seuen metalles made by enchaun
temente.   ℩Ca.rrrbij.

Ａnd at the lande we aryued than
With all the ladyes in my company
Whiche to praye for me sodaynly began
To the god Mars lodestere of chyualry
I toke my leue of them full gentylly
And ryght anone to fynde oute my fo
This mortall dragon / I wente to and fro

Tyll at the last belyde a craggy roche
I sawe the dragon whiche dyde me aspye
And nere and nere as I gan to approche

J behelde his heed with his grete body
Whiche was mysshaped full ryght wonderly
Of golde so shene was bothe his hede and face
Full lyke a mayden it was a mervaylous cace

His necke sylver and thycke lyke a bull
His brest stele and lyke an olyphante
His forlegges latyn and of feders full
Ryght lyke a Grype was every tallaunt
And as of strength he nothynge dyde want
His backe afore lyke brystles of a swyne
Of the fyne coper dyde moost clerely shyne

His hynder legges was lyke to a catte
All of tynne/and lyke a scorpyon
He had a tayle with a heed theratte
All of lede of plyaunte facyon
His herte stele without menyssyon
Towarde me he came rorynge lyke the thonder
Spyttynge oute fyre for to se grete wonder

In his forhede with letters all of grewe
Was wryten my name is malyce pryve
That olde debate can full sone remewe
Bytwene true louers with coloure crafty
Agaynst graunde amoure I shall so fortefy
My evyll subtyll power and cursed courage
To let hym truly of his hye passage

J toke my boxe as Pallas commaunded
And my swerde and shelde with all my armure
In every place I ryght well anoynted
To hardynes I toke my herte in cure
      Pleasure.   R.f.

Makynge me redy/and whan I thought me sure
I toke my swerde and with an hardy herte
Towarde the dzagon I begau to sterte

And as I gan my grete stroke to charge
He blewe out so moche fyze innumerable
That on the grounde I dyde my myght dyscharge
The smoke was derke full gretly domageable
And the hote fyze was so intollerable
Aboue me steynge that vnneth I myght
Through my vysure cast a bzode my syght

But the swete oyntemente had suche a vertue
That the wylde fyze myght nothynge endomage
Me through hete/foz it dyde extue
The magykkes arte with grete aduauntage
Causynge the fyze ryght well to a swage
And with my swerde as nothynge a gast
Upon the serpente I dyde stryke full fast.

His body was grete as ony tonne
The deuyll aboute dyde his body bere
He was as egre as grype oz lyon
So with his tallantes he dyde my hatneys tere
That ofte he put me in a moztall fere
Tyll at the last I dyde his body perce
With my good swerde he myght not it reuerce.

Ryght ther withall the dzagon to bzast
And out ther flewe ryght blacke and tedyous
A foule ethyope whiche suche smoke dyde cast
That all the ylonde was full tenebzous
It thondzed loude with clappes tempestyous

Then all the ladyes were full sore adred
They thought none other but that I was deed

The spyryte vanysshed the ayre wered clere
Then dyde I loke and beholde aboute
Where was the toure of my lady so dere
Tyll at the last I had espyed it oute
Set on a rokke ryghte hye without doubte
And all the ladyes with perseueraunce
To me dyde come with Ioye and pleasaunce

Forsothe quod they you are moche fortunate
So to subdue the serpente venymous
Whiche by forcery was surely ordenate
You for to sle with fyre so vycyous
Blyssed the Pallas the goddes gloryous
Whiche that thou taught a perfyte remedy
For to deuoyde the crafte of sorcery

It was no wonder thoughe that I was glad
After the payne and trybulacyon
That in many places I ryght often had
For to attayne the hye promocyon
Of la belle puccelles domynacyon
Consyderynge in my passage daungerous
All I subdued to me contraryous

And than ryght sone with grete solempnyte
So forth we rode to the solempne mancyon
Of la belle pucelles worthy dygnyte
Whiche was a toure of meruaylous facyon
Replete with Ioye without suggestyon
Walled with syluer and many a story
        Pleasure.   B.ij.

Upon the wall enameled ryally

So at the laſt we came vnto the gate
Whiche all of ſyluer was knotted proprely
Where was a lady of ryght hye eſtate
Whiche vs receyued well and nobly
And than perſeueraunce went full ſhortly
To la belle pucell ſhewynge euery thynge
Of myne aduenture and ſodayne comynge

¶How graunde amoure was receyued of la belle pu=
cell.   Ca.xxxviij.

Han she it knewe than ryght incontynent
She called to her peace and dame mercy
With Justyce and reason ý lady excellent
Pleasaunce gracz w̄ good dame memory
To wepte vpon her full ententyfly
Me to receyue with all solempne Joye
I downe her chambre she wente on her waye

And in meane whyle the gentyll porteres
Called countenaunce on my way then me lede
In to the basse courte of grete wydnes
Where all of golde there was a conduyte hede
With many dragons enameled with reed
Whiche dyde spoute oute the dulcet lycoure
Lyke crystall clere with aromatyke odoure

Alofte the basse foure foure ymages stode
Whiche blewe the claryons well and wonderly
Alofte the toures the golden fanes gode
Dyde with the wynde make full swete armony
Them for to here it was grete melody
The golden toures with crystall clarefyed
Aboute were glased moost clerely putefyed

And the grauell where vpon we wente
Full lyke the golde that is moost pure and fyne
Withouten spotte of blacke encombremente
Aboute our fete it dyde ryghte clerely shyne
It semed more lyke a place celestyne
Than an erthely mansyon whiche shall away
By longe tyme and proces an other day

And towarde me I dyde se than comynge
    Pleasure.   B.iij.

La belle pucell the mooſt fayꝛe creature
Of ony fayꝛe erthely perſone lyuynge
Whiche with me mette with chere ſo demure
Of the ſhynynge golde was all her veſture
I dyde me duty / and ones oꝛ twyes ywys
Her lyppes ſofte I dyde full ſwetely kys

Aha quod ſhe that I am very fayne
That you are come / foꝛ I haue thought longe
Sythen the tyme that we parted in twayne
And foꝛ my ſake you haue had often wꝛonge
But your courage ſo hardy and ſtronge
Hath cauſed you foꝛ to be vyctoꝛyous
Of your enmyes ſo moche contraryous

With her fayꝛe hande whyte as ony lyly
She dyde me lede into a ryall hall
With knottes kerued full ryght craftely
The wyndowes fayꝛe glaſed with cryſtall
And all aboute vpon the golden wall
There was enameled with fygures curyous
The ſyege of Troye ſo harde and doloꝛous

The floꝛe was paued with pꝛecyous ſtones
And the rofe of meruaylous geometry
Of the ſwete ſypꝛes wꝛought foꝛ the nones
Encenſynge oute the yll odours myſty
A myddes the rofe there ſhone full wonderly
A poynted dyamonde of meruaylous bygnes
With many other grete ſtones of ryches

So vp we wente to a chambꝛe fayꝛe
A place of pleaſure and delectacyon

Strowed with floures flagraunte of ayre
without ony spotte of perturbacyon
I behelde ryght well the operacyon
Of the meruaylous rose set full of rubyes
And tynst with saphers and many turkeys

The walles were hanged with golden atas
Whiche treated well of the syege of Thebes
And yet all aboute vs depured was
The crystallyne wyndowes of grete bryghtnes
I can nothynge extende the goodlynes
Of this palays / for it is impossyble
To shewe all that vnto me vysyble

But la bell pucell full ryght gentylly
Dyde syt adowne by a wyndowes syde
And caused me also full swetely
By her to sytte at that gentyll tyde
Whlcome she sayde ye shall with me abyde
After your sorowe to lyue in Joye and blysse
You shall haue that ye haue desrued ywys

Her redolente wordes of swete influence
Degouted vapoure moost aromatyke
And made conuersyon of my complacence
Her depured and her lusty rethoryke
My courage reformed that was so lunatyke
My sorowe defeted and my mynde dyde modefy
And my dolourous hertte began to pacyfy

All thus my loue we gan to deuyse
For eche of other were ryght Joyous
Than at the last in a meruaylous wyse
        Pleasure.   B. iiij.

Full sodaynly there came vnto vs
Lytell Cupyde with his moder Uenus
Whiche was well cladde in a fayre mantyll blewe
With golden hertes that were perst a newe

And rounde aboute vs she her mantyll cast
Sayenge that she and her sone Cupyde
Wolde vs conioyne in maryage in hast
And to lete knowe all your courte so wyde
Sende you perseueraunce before to prouyde
To warne your ladyes for to be redy
To morowe be tyme ryght well and solemply

We answered bothe our hertes were in one
Sayenge that we dyde ryght well agre
For all our foes were added and gone
Ryght gladde I was that Ioyfull day to se
And than anone with grete humylyte
La bell pucell to a fayre chambre bryght
Dyde me than brynge for to rest all nyght

And she toke her leue I kyst her louely
I wente to bedde but I coude not slepe
For I thought so moche vpon her inwardly
Her moost swete lokes in to my herte dyde crepe
Percynge it through with a wounde so depe
For nature thought euery houre a daye
Tyll to my lady I sholde my dette well paye

℧ Of the grete maryage bytwene graunde amoure &
La belle pucell.   Ca.xxix.

Than perseueraunce in all goodly hast
Unto the stuarde called lyberalyte
Gaue warnynge for to make redy fast
Agaynst this tyme of grete solempnyte
That on the morowe halowed sholde be
She warned the coke called temperaunce
And after that the ewres obseruaunce

With pleasaunce the panter/and dame curtepsy
The gentyll butler with the ladyes all
Eche in her offyce was prepayred shortly
Agaynst this feest so moche tryumphall
And la belle pucell thenne in specyall
Was vp be tyme in the morowe graye
Ryght so was I whan I sawe the daye

And ryght anone la belle pucell me sente

Agaynst my weddynge of the satyn fyne
Whyte as the mylke a goodly garmente
Braudzed with perle that clerely dyd shyne
And so the marpage foz to determyne
Uenus me bzoughte to a ryall chapell
Whiche of fyne golde was wzought euerydell

And after that the gay and glozyous
La bell pucell to the chapell was ledde
In a whyte vesture fayze and pzecyous
With a golden chaplet on her yalowe hede
And lex ecclesie dyde me to her wedde
After wiche weddynge there was a grete fest
Nothynge we lacked but had of the best

What sholde I tary by longe contynuaunce
Of the feest foz of my Joye and pleasure
Wysdome can Juge withouten varyaunce
That nought I lacked as pe may be sure
Payenge the swete due det of nature
Thus with my lady that was fayze and clere
In Joye I lyued full ryght many a yere

O lusty youth and yonge tender herte
The trewe companyon of my lady bzyght
God let vs neuer frome other asterte
But all in Joye to lyue bothe day and nyght
Thus after sozow Joye aryueth aryght
After my payne I had spozte and playe
Full lytell thought I that it sholde dekaye

Tyll that dame nature naturynge had made
All thynges to growe vnto theyz foztytude

And nature naturynge waxte retrograde
By strength my youthe so for to exclude.
As was euer her olde consuetude
Fyrst to augmente and than to abate
This is the custome of her hye estate.

Thus as I lyued in suche pleasure gladde
In to the chaumbre came full pryuely
A fayre olde man and in his hande he hadde
A croked staffe he wente full wekely
Unto me than he came full softly
And with his staffe he toke me on the breste
Obey he sayd I must you nedes a reste

My name is age whiche haue often sene

The lusty youthe perysshe vnhappyly
Through the deserte of the selfe I wene
And euermore I do thynke inwardly
That my dedes of you the were of grete foly
And thou thy selfe ryght Ioyous may be
To lyue so longe for to be lyke to me

Happy is the that may well ouer passe
The narowe brydge ouer fragylyte
Of his wanton youthe brytle as the glasse
For the youthe is open to all fraylte
Redy to fall in to grete iniquyte
Full well is he that is brydled fast
With fayre dame reason tyll this youth be past

I obeyed his reest there was no remedy
My youthe was past and all my lustynes
And ryght anone to vs came polyzy
With auaryce bryngynge grete ryches
My hole pleasure and delyte doubtles
Was sette vpon treasure insacyate
It to beholde and for to a gregate

The flesshely pleasure I had cast asyde
Lytell I loued for to playe or daunce
But euer I thought how I myght prouyde
To spare my treasure londe and substaunce
This was my mynde/and all my puruey aunce
As vpon dethe I thought lytell or neuer
But gadred ryches as I sholde lyue euer.

But whā I thoughte lōgeſt to endure
Dethe w̄ his darte a reſt me ſodaȳly
Obey he ſayd as ye may be ſure
you can reſyſte nothynge the contrary
But that you muſt obey me naturally
What you auayleth ſuche treaſure to take
Sythens by fozce ye muſt it now fozſake

Alas quod I nothynge can me ayde
This wozldly treaſure I muſt leue behynde
Foz erth of erthe wyll haue his dette now payde
What it this wozlde but a blaſt of wynde
I muſt nedes dye / it is my natyf kynde
And as I was at this concluſyon
To me dyde come dame confeſſyon

With dame contrycyon whiche gan to bewayle

My synnes grete with hole repentaunce
And satysfaccyon without ony faple
With dame conscyence dyde wey in balaunce
How that they myght than without doubtaunce
My treasure and good so goten wronfully
To restoze agayne to the ryght full party

Of holy chyrche with all humylyte
My ryghtes I toke and than incontynent
Nature auayled in so lowe degre
That dethe was come / and all my lyfe was spent
Out of my body my soule than it went
To purgatozy for to be puryfyed
That after that it myght be glozyfyed

The good dame mercy with dame charyte
My body buryed full ryght humbly
In a fayze temple of olde antyqupte
Where was for me a dyzyge deuoutely
And with many a masse full ryght solempnely
And ouer my graue to be in memozy
Remembzaunce made this lytell epytaphy

O erthe on erthe it is a wonders cace
That thou arte blynde and wyll not the knowe
Though vpon erthe thou hast thy dwellynge place
Yet erthe at laste must nedes the ouerthzowe
Thou thynkest the do be none erthe I trowe
For yf thou dydest thou woldest than apply
To forsake pleasure and to lerne to dy

O erthe of erthe why arte thou so proude
Now what thou arte call to remembzaunce

Open thyn eres vnto my songe aloude
Is not thy beaute strength and puyssaunce
Though be cladde with clothes of pleasaunce
Uery erthe and also wormes fode
Whan erthe to erthe shall to tourne the blode

Wrathe.

And erthe with erthe why arte thou so wrothe
Remembre the that it vayleth ryght nought
For thou mayst thynke of a perfyte trothe
yf with the erthe thou hast a quarell sought
I myddes the erthe there is a place ywrought
Whan erthe to erthe is torned proprely
The for thy synne to punysshe wonderly

Enuy.

And erthe for erthe why hast thou enuy
And the erthe vpon erthe to be more prosperous
Than thou thy selfe fretynge the inwardly
It is a synne ryght foule and vycyous
And vnto god also full odyous
Thou thynkest I trowe there is no punysshemente
Ordeyned for synne by egall Iugemente

Slouthe.

Towarde heuen to folowe on the way
Thou arte full slowe and thynkest nothynge
That thy nature dooth full sore dekay
And dethe ryght fast is to the comynge
God graunte the mercy/but no tyme enlongynge
Whan thou hast tyme/take tyme and space
Whan tyme is past/lost is the tyme of grace

Couetyse.

And whan erthe to erthe is nexte to reuerte
And nature lowe in the laste age
Of erthely treasure erthe doth set his herte.

In sacyatly vpon couetyse to rage
He thynketh not his lyfe shall aswage
His good is his god with his grete ryches
He thynketh not for to leue it doutles
Glotony.
The pomped clerkes with fode delycyous
Erthe often fedeth with corrupte glotouy
And not hynge with werkes vertuous
The soule doth fede ryght well ententysly
But without mesure full inordynatly
The body lyueth and wyll not remembre
How erthe to erthe must his strength surrendre
Lechery
The vyle carkes set vpon a fyre
Dooth often haunte the synne of lechery
Fulfyllynge the foule carnall desyre
Thus erthe with erthe is corrupte meruaylously
And erthe on erthe wyll nothynge purfye
Tyll erthe to erthe be nere subuerted
For erthe with erthe is so peruerted

O mortall folke / you may beholde and se
How I lye here / somtyme a myghty knyght
The ende of Joye / and all prosperyte
Is dethe at last / through his course and myght
After the day there cometh the derke nyght
For though the day be neuer so longe
At last the belles ryngeth to euensonge

And my selfe called la graunde amoure
Sekynge aduenture in the worldly glory
For to attayne the ryches and honoure
Dyde thynke full lytell that I sholde herely

Tyll dethe dyde marke me full ryght pryuely
Lo what I am and where to you must
Lyke as I am / so shall you be all dust

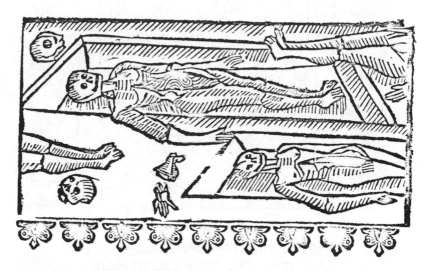

Than in your mynde inwardely dyspyse
The bryttle worlde so full of doublenes
With the vyle flesshe / and ryght soone aryse
Out of your slepe / of mortall heuynes
Subdue the deuyll with grace and mekenes
That after your lyfe / frayle and transytory
You may than lyue in Ioye perdurably.
        Pleasure.   S.ƒ.

Ca. xlii.

And as remembraunce myn epytaphy set
Ouer my graue in came dame fame
With b rennynge tongues withoute ony let
Sayenge that she wolde sprede aboute my name
To lyue in honoure withoute ony shame
Though that adeed were my erthely body
Yet my renowne sholde reygne eternally

The power estate and ryall dygnyte
Of dame fame in euery regyon
Is for to sprede by hy auctoryte

The noble dedes of many a champyon
As they are worthy in myne opynyon
For though his body be deed and mortall
His fame shall dure/and be memoryall

Dyde not graunde amoure with his ryall dedes
Wynne la belle pucell the moost fayre lady
And of hyghe honoure attayned the medes
In the demeauynge hym so worthely
Sleynge the grete terryble gyauntes vgly
And also the fyry monster vyolente
Of the seuen metalles made by enchauntemente

Aboute the worlde in euery nacyon
That euermore he shall abyde alyue
Of his grete actes to make relacyon
In bokes many I shall of hym contryue
Frome one to other I shall his name so dryue
That euermore withoute ertyngysshemente
In brennynge tongues he shall be parmanente
                    Ector of troy.
℟Unto this day reygneth the hye renowne
Of the worthy Ector prynce vyctoryous
Aboute his spredde in euery regyon and towne
His noble actes and courage chyualrous
In full many bokes ryght delycyous
Unto the reders who lyst gyue audyence
To here reporte of his grete excellence
                    Iosue.
℟And in lyke wyse duke Iosue the grete
Whiche was ryght stronge and fyerse in bataple
Whose noble feates hygh and excellente
          Pleasure.   S.ij.

I haue caused with dylygent trauayle
To abyde in bokes without ony fayle
Who lyst his story for to se or here
In the byble it dooth ryght well appere
      Judas machabeus.

℟ Also the noble and hardy feates of warre
Of Judas machabeus I about haue cast
In euery nacyon for to reygne a ferre
Thoughe that his lyfe out of this worlde be past
His fame shall prospere and shall neuer wast
Thus with my power of euery worthy
I spred his dedes in tonges of memory
      Dauyd.

℟ Dyde not kynge Dauyd a lyons Jawes tere
In his tender youthe he so hardy was
The lyons cruelte myght nothynge hym fere
And after that he slewe grete Golyas
All in his tyme he dyde in honoure pas
And I dame fame without ony doute
Haue spredde his name in all the worlde aboute
      Alexander.

℟ Also kynge Alexander the noble conqueroure
Whose grete power in all the worlde was knowen
Of me dame fame he wanne the honoure
As I my trompe after his dethe haue blowen
Whose sounde aloude can not be ouerthrowen
Thus in flamynge tonges all about I fly
Through the worlde with my wynges swyftly
      Julius sezar.

℟ And of the worthy sezar Julius
All about with golden beames bryght
His name shall dure and be full gloryous

In all the worlde with ardaunt tonges lyght
His fame shall reygne he hath it wonne by ryght
For to abyde/and euer to augment
Withouten lette or yet impedyment

Arthur.

¶ Also yet Arthur the good kynge of Brytayne
With all his knyghtes of the rounde table
I now dame fame shall make to remayne
Theyr worthy actes hygh and honorable
Perpetually for to be commendable
In ryall bokes and Iestes hystoryall
Theyr fame is knowen ryght hye tryumphall

Charles.

¶ And than Charles the grete kynge of Fraunce
With all his noble douse pers also
As Roulande and Olyuer of his alyaunce
With all the resydue and many other mo
Theyr fame encreaseth renuynge to and fro
The hardy dedes dyde them magnyfy
Unto me fame theyr names to notyfy

Godfrey of Boleyn.

¶ And Godfrey of Boleyn of hardy courage
That of the paynyms wanne the vyctory
His worthy actes dyde theyr strength alwage
Whose fame renowmed is full openly
About the worlde reygnynge so ryally
In flamynge tongues to be intellygyble
His moost hye actes so moche inuyncyble

And in lykewyse without abatement
I shall cause for tobe memoryall
The famous actes so hygh benouolent
Of graunde amoure my knyght in specyall

His name shall dure and be eternall
For though his body be wrapte in claye
Yet his good fame shall remayne alwaye

And ryght anone she called remembraunce
Commaundynge her ryght truely for to wryte
Bothe of myn actes and my gouernaunce
Whiche than ryght sone began to endyte
Of my feates of armes/in a shorte respyte
Whose goodly storyes in tongues seuerall
Aboute were sente for to be perpetuall

And thus I fame am euer magnyfyed
Whan erth in erthe hath tane his estate
Thus after dethe I am all gloryfyed
What is he nowe that can my power abate
Infenyte I am nothynge can me mate
The sprynge of honoure/and of famous clerkes
My selfe I am to renowne theyr werkes

Ca. xliiii.

And as dame fame was in laudacyon
In to the temple with meruaylous lykenes
Sodaynly came tyme in breuyacyon
Whose symylytude I shall anone expres
Aged he was with a berde doubtles
Of swalowes feders his wynges were longe
His body fedred he was hye and stronge

In his lefte hande he had an horology
And in his ryght hande a fyre brennynge
A swerde aboute hym gyrte full surely

His legges armed clerely ſhynynge
And on his noddle darkely ſtampynge
Was ſette Saturne pale as ony leed
And Iupyter a myddes his forhed

In the mouthe Mars/and in his ryght wynge
Was ſplendent Phebus with his golden beames
And in his breſt there was reſplendyſſhynge
The ſhynynge Uenus with depured ſtreames
That all about dyde caſt her fyry leames
In his left wynge Mercury/and aboue his waſt
Was horned Dyane/her oppoſycyon paſt

My name quod he/is in dyupſyon
As tyme was tyme is/and the tyme future
I meruayle moche of the preſumpcyon
Of the dame fame/ſo puttynge in bre
Thy grete prayſe/ſaynge it ſhall endure
For to be infynyte/euermore in preace
Seynge that I ſhall all thy honour ſeace

Shall not I tyme dyſtroye bothe ſe and lande
The ſonne and mone/and the ſterres all
By veray reaſon thou ſhalte vnderſtande
At laſt ſhall leſe theyr courſe in generall
On tyme paſt/it bayleth not to call
Now by this horologe/it dooth well appere
That my laſte name dooth euermore drawe nere

In my ryght hande/the grete fyre ſo feruent
Shall brenne the tyme/and alſo mynyſſhe
The fatall tongues/for it is accydent
Unto me tyme/all thynges to peryſſhe

Whan my laſt ende I ſhall accomplyſhe
And thus in vayne thou haſt thy laboure ſpente
Whan by me tyme thou ſhalte be ſo brente

In eternyte before the creacyon
Of aungell and man all thynge was vyſyble
In goddes ſyght as due probacyon
Of his godhede whiche is intellygyble
To whome nothynge can be impoſſyble
For in my ſelſe/a hye and ſuffycyente
Before all thynges he was reſulgente

Unto whome onely is apparaunce
Of my laſt ende/as myne orygynall
Was in his ſyght\withoute doubtaunce
For onely of hym it is eſpecyall
The hye power and godhede infynall
The future tence to knowe dyrectly
Unto whome it appereth openly

I am the lode ſterre to dame eternyte
Whan man of erthe hath his creacyon
After the mynute of his natyuyte
He taketh than his operacyon
Upon me tyme at euery ſeaſon
In the ſame houre the worlde was create
Orgynally I toke myn eſtate

Coude the.ix.worthyes ſe vyctoryous
Do all theyr actes withoute tyme or ſpace
Tyme is a thynge bothe gay and gloryous
Whan it paſſeth with vertue and grace
Man in this worlde hath a dwellynge place
        Pleaſure.   C.i.

Eyther hell oz heuen without lefynge
Alwaye he geteth in his tyme fpendynge

Withouten tyme is no erthely thynge
Nature/foztune/oz yet dame fappence
Hardynes/clergy oz yet lernynge
Paft/future/oz yet in prefence
Wherfoze J am of moze hye preemynence
As caufe of fame/honoure and clergy
They can nothynge without hym magnyfy

Do not J tyme/caufe nature to augment
Do not J tyme/caufe nature to decay
Do not J tyme caufe man to be prefent
Do not J tyme/take his lyfe away
Do not J tyme/caufe dethe take his fay
Do not J tyme/paffe his youth and age
Do not J tyme/euery thynge afwage

In tyme Troye the cyte was edefyed
By tyme alfo was the dyftruccyon
Nothynge without tyme can be foztefyed
No erthely Joye noz trybulacyon
Without tyme is foz to fuffre paffyon
The tyme of erthe was our dyftruccyon
And the tyme of erthe was our redempcyon

Adam of erthe fone of bzzgynyte
And Eue by god of adam create
Thefe two the wozlde dampned in certaynte
By dyfcobedyence fo foule and vycyate
And all other than frome them gencrate
Tyll peace and mercy made ryght to enclyne

Out the lyon to entre the vyrgyne

Lyke as the worlde was dystroyed totally
By the vyrgyns sone/so it semed well
A vyrgyns sone to redeme it pyteously
Whose hye godheed/in the chosen vessell
Forty wekes/naturally dyde dwell
Nature wekes/naturally dyde god of kynde
In the vyrgyn he dyde suche nature fynde

Thus without nature/nature wonderly
In a vyrgyn pure openly hath wrought
To the god of nature nothynge truely
Impossyble is/for he made of nought
Nature fyrst/whiche naturynge hath tought
Naturately/ryght naturate to make
Why may not he than the pure nature take

By his godhede of the vyrgyn Mary
His electe moder and arke of testament
Of holy chyrche the blessyd lumynary
After the byrthe of her sone excellent
Uyrgyn she was yet alway permanent
Dysnullynge the sectes of false ydolatry
And castynge downe the fatall heresy

Thus whan I tyme in every nacyon
Reygne in rest and also in peace
And Octauyan in his domynacyon
Thorough the worlde and the peopled preace
Lettres had sent his honoure to encreace
Of all the nombre for to be certayne
For to obey hym as theyr souerayne
          Pleasure.   T.ij.

In whose tyme god toke his natyuyte
For to redeme vs with his precyous blode
Frome the deuylles bonde of grete iniquyte
His herte was perst/hangynge on the roud
Was not this tyme/vnto man ryght good
Shall not I tyme euermore abyde
Tyll that in libra at the dredefull tyde

Of the day of dome than in the balaunce
Almyghty god shall be Iust and rgall
To euery persone withouten doubtaunce
Eche as they dyde deserue in generall
Some to haue Ioye/some payne eternall
Than I am past I may no lenger be
And after me is dame eternyte.

And thus as tyme made his conclusyon
Eternyte in a fayre whyte vesture
To the temple came with hole affeccyon
And on her hede a dyademe ryght pure
With thre crownes of precyous treasure
Eterne she sayde I am nowe doubtles
Of heuen quene/and of hell empres

Fyrst god made heuen his propre habytacle
Though that his power be in euery place
In eterne heuen is his tabernacle
　　Pleasure. 　　　　　　C.iij.

Tyme is there in no maner of cace
Tyme renneth allwaye his ende to enbrace
Now I my selfe shall haue none endynge
And my maker had no begynnynge

In heuen and hell I am contynually
Withouten ende to be in extynguyssyble
As euermore to reygne full ryally
Of euery thynge I am inuyncyble
Man of my power shall be intellygyble
Whan the soule shall ryse agaynst the body
To haue Iugemente to lyue eternally

In heuen or hell as he dothe deserue
Who that loueth god aboue euery thynge
All his commaundementes he wyll then obserue
And spende his tyme in vertuous lyuynge
Ydlenes wyll euermore eschewynge
Eternall Ioye he shall then attayne
After his laboure and his besy payne

O mortall folke reuolue in your mynde
That worldly Ioye and frayle prosperyte
What is it lyke but a blaste of wynde
For you therof can haue no certaynte
It is now so full/of mutabylyte
Set not your mynde vpon worldly welthe
But euermore regarde your soules helthe

Whan erthe in erth hath tane his corrupte taste
Than to repente it is for you to late
Whan you haue tyme spende it nothynge in waste

Tyme past with vertue must entre the gate
Of Ioye and blysse with myn hye estate
Withoute tyme for to be euerlastynge
Whiche god graunte vs at our last endynge

Now blyssed lady of the helthe eternall
The quene of comforte and of heuenly glorye
Pray to thy swete sone/whiche is insynall
To gyue me grace to wynne the vyctory
Of the deuyll/the worlde and of my body
And that I may my selfe well apply
Thy sone and the to laude and magnyfy.

＃Explicit.The pastyme of pleasure

＃The excusacyon of the auctore.　Ca.xlvj.

＃Unto all poetes I do me excuse
Yf that I offende for lacke of scyence
This lytell boke yet do ye not refuse
Though it be deuoyde of famous eloquence
Adde or detray by your hye sapyence
And pardon me of my hye entcrpryse
Whiche of late this fable dyde sayne and deuyse

Go lytell boke I pray god the saue
Frome mysse metrynge/by wronge Impressyon
And who that euer lyst the for to haue
That he perceyue well thyn entencyon
For to be grounded withoute presumpcyon
As for to eschewe the synne of ydlenes
To make suche bokes I apply my besynes

Besechynge god for to gyue me grace
Bokes to compyle of morall vertue
Of my mayster lydgate to folowe the trace
His noble fame for to laude and reneue
Whiche in his lyfe the flouthe dyde efchewe
Makynge grete bokes to be in memory
On whofe foule I pray god haue mercy

Here endeth the paftyme of pleafure. Inprynted at London in Flete strete / at the fygne of the sonne / by Wynkyn de Worde / the yere of oure lorde. M. CCCCC. and. xviij. the ij daye of December.

Here begynneth the boke called the example of vertu.

                                                    aa .ii.

dyſcrecyon he dyde wichſtande theyr temptacōn and
how he mette with ſapience in the maſe of woꝛdely be
ſynes.   capitulo.ir.

❡How Sappence ⁊ dyſcrecyon ledde youth ouer the
narowe bꝛydge of vanyte of the woꝛlde to the palays
of ẏ kynge of loue ⁊ of his meruaylous appareyl.ca.r

❡How ſappence pꝛeſented youth to the kynge of loue
foꝛ to mary Clennes his doughter ⁊ how he befoꝛe ẏ
marꝑage dyde fyght and diſcomfyte the dꝛagon with
thꝛe hedys.   capitulo.ri.

❡How after the diſcomfyture of the ſayd dꝛagon he
well growen in age was receyued with a fayre com
pany of ladyes and was named vertu ⁊ with all Joye
bꝛought to the palays of the kynge of loue.   ca.rii.

❡Of the marꝑage of vertu ⁊ clennes ⁊ of ẏ celeſtyal
feſte how after the marꝑage an aungell ſhewed vnto
theym hell/⁊ of the dyuyſyons of hell.   ca.riii.

❡How vertu cleymed the enherytaunce longynge to
Clennes his wyfe/ ⁊ how many aungelles ⁊ ſayntes
bꝛought theym to heuen/ ⁊ how heuen is enteyled to
Uertu and to Clennes ⁊ to all theym that loue them
⁊ folowe ⁊ pꝛocede in theyr ſteppes.   capitulo.riiii.

℧This boke called the example of bertue was made
and compyled by Stephyn hawys one of the gromes
of the moost honozable chaumber of oure fouerayne
lozde kynge Henry the. bii. the. xix. yere of his moost
noble reygne/ and by hym pzefented to our fayd foue
rayne lozde chapytred ⁊ marked after this table here
befoze fette.

℧The pzologe.

Han J aduert in my remembzaunce
⁊he famous rzaughtes of poetes eloquent
Whiche theyr myndes dyd well enhaunce
Bokes to contryue that were expedyent
℧o be remembzed without Jmpedyment
Foz the pzofyte of humanyte
℧his was the custume of antyquyte.

J now fymple and moost rude
And naked in depured eloquence
Foz dulnes rethozyke doth exclude
Wherfoze in makynge J lake intellygence
Alfo confyderynge my grete neglygence
Jt fereth me foze foz to endyte
But at auenture J wyll now wzyte.

As bery blynde in the poetys art
Foz J therof can no thynge fkyll
Wherfoze J lay it all a part
But fomwhat accozdynge to my wyll
J wyll now wzyte foz to fulfyll

aa iii.

Saynt Powles wordes and true sentement
All that is wryten is to oure document

O prudent Gower in langage pure
Without corrupcyon moost facundyous
O noble Chauser euer moost sure
Of frutfull sentence ryght delycyous
O bertuous Lydgat moche sentencyous
Unto you all I do me excuse
Though I your connynge do now ble

Explicit prologus.

N Septembre in fallynge of the lefe
Whan phebus made his declynacyon
And all the whete gadred was in the shefe
By radyaunt hete and operacyon
Whan the vyrgyn had full domynacyon
And Dyane entred was one degre
In to the sygne of Gemyne

ad .iiii.

Whan the golden ſterres clere were ſplendent
In the firmament puryfyed clere as cryſtall
By imperyall courſe without incombrement
As Iuppyter and Mars that be celeſtyall
With Saturne and Mercury that wer ſupernall
Myrt with venus that was not retrograte
That cauſed me to be well fortunate

In a ſlombrynge ſlepe with ſlouth oppreſt
As I in my naked bedde was leyd
Thynkynge all nyght to take my reſt
Morpleus to me than made abreyd
And in my dreme me thought he ſayd
Come walke with me in a medowe amerous
Depeynted with floures that be delycyous

I walked with hym into a place
Where that there grue many a fayre floure
With Ioye replete and full of ſolace
And the trees dyſtyllynge redolent lycoure
More ſweter fer than the Aprell ſhour
And tary I dyd there by longe ſpace
Tyll that I ſaw before my face

A ryght fayre lady of myddell ſtature
And alſo enduyd with grete vertue
Her apparell was ſet with perlys pure
Whoſe beaute alway dyd renue
To me ſhe ſayd and ye wyll extue
All wyldnes I wyll be your guyde
That ye to fraylte ſhall not ſlyde.

Be to thy kynge euer true subgete
As thou sholdest be by ryght and reason
Lete thy herte lowely on hym be sete
Without ony spot of euyll treason
And be obedyent at euery season
Unto his grace without rebellyon
That thou with trouth may be companyon

Loue neuer vnloued for that is payne
Whyle that thou lyuest of that beware
Loue as thou seest the loued agayne
Or elles it wyll torne the to care
Be neuer taken in that fast snare
Proue or thou loue that is moost sure
And than thou in doubte shalt not endure.

Beware byleue no flaterynge tonge
For flaterers be moost disseyuable
Though that they company with the longe
Yet at the ende they wyll be baryable
For they by reason are not fauorable
But euermore fals and double
And with theyr tonges cause of grete trouble

This bryttell worlde ay full of bytternes
Alway turnynge lyke to a ball
No man in it can haue no sykernes
For whan he clymmeth he hath a fall
O wauerynge shadowe bytter as gall
O fatall welth full soone at ende
Though thou ryght hy do oft assende

Whan she to me had made relacyon
Of all these prouerbes by good conclusyon
She gaue to me an Informacyon
For to depryue all yll abusyon
And to consydre the grete derysyon
Whiche is in youth that may not se
No thynge appropred to his prosperyte

Forth than we went to an hauen syde
Wher was a shyp lyenge at rode
Taryenge after the wynde and tyde
And with moche spyces ryght well lode
Upon it lokynge we longe abode
Tyll eolus with blastes began to rore
Than we her aborded with payne ryght sore

This water eclyped was vayneglory
Euer with yeopardy and tempestyous
And the shyp called was ryght truly
The vessell of the passage daungerous
The wawys were hyghe and gretly troublous
The captayn called was good comfort
And the sterysman fayre passport
                 ¶ Capitulum. ii.
LOnge were we dryuen with wynde & weder
    Tyll we arryued in a fayre Ilonde
Wher was a boote tyed with a teeder
Of merueylous wood as I vnderstonde
Precyous stones ley vpon the sond
And poynted dyamondes grewe on the rockes
And corall also by ryght hyghe stockes

Unto her I anſwerde o lady gloꝛyous
I pꝛay you tell me what is your name
Foꝛ ye ſeeme to be ryght pꝛecyous
And I am yonge and ſoꝛe to blame
Of vyces full and in vertue lame
But I wyll be ruled now by your pleaſure
So that your oꝛder be made by meſure

Eclepyd I am ſhe ſayd dyſcrecyon
And yf ye wyll be ruled by me
Ye ſhall haue Joye without repꝛehencyon
And neuer fall in to fragylyte
Youth lackynge me it is grete pyte
Foꝛ in what place I am expyled
They be with ſynne ryght oft defyled

It longeth euer vnto my pꝛoperte
Youth to gyue courage foꝛ to lerne
I wyll not medle with no duplycyte
But faythfulnes I wyll dyſcerne
And bꝛynge thy ſoule to bleſſe eterne
By wyſe example and moꝛall doctryne
Foꝛ youth hauynge to me is a good ſyne

Foꝛſake alſo all euyll company
And be founde true in woꝛde and dede
Remembꝛe that this woꝛlde is tranſytoꝛy
After thy deſert ſhall be thy mede
Loue god alway and eke hym dꝛede
And foꝛ no mannes pleaſure be thyn owne foo
Gyue theym fayre woꝛdes and lete theym goo

Amased I was for to beholde
The precyous stones vnder my fete
And the erth glysterynge of golde
With floures fayre of odour swete
Dame dyscrecyon I dyd than grete
Praynge her to me to make relacyon
Who of this Ilonde hath domynacyon

She sayd foure ladyes in vertue excellent
Of whiche the eldest is dame nature
That dayly fourmeth after her entent
Euery beest and lyuynge creature
Both foule and fayre and also pure
All that dependynge in her ordynaunce
Where that she fauoureth there is grete pleasaunce

The seconde is called dame fortune
Ayenst whome can be no resystence
For she doth sette the strynges in tune
Of euery persone by her magnyfycence
Whan they sound best by good experyence
She wyll theym loose and let theym slyp
Causynge theym fall by her turnynge tryp

The thyrde called is dame hardynes
That often rulyth by her cheualry
She is ryght stowt and of grete prowes
And the captayn of a lusty company
And ruleth theym euer full hardely
And to gete honour and worldely tresure
She putteth her oft in auenture

⸿The fourth is wysedome a lady bryght
Whiche is my syster as ye shall se
Whom I do loue with all my myght
For she enclyneth euer to benygnyte
And medeleth not with fraude nor subtylyte
But maketh many noble clerkes
And ruleth theym in all theyr werkes

⸿They dwell all in a fayre castell
Besyde a ryuer moche depe and clere
And be expert in feytys manuell
That vnto theym can be no peere
Of erthely persone that lyueth here
For they be so fayre and wounderous
That theym to se it is solacyous.

⸿Longe haue they trauerst gretly in the lawe
Whiche of theym sholde haue the preemynence
And none of them theyr case wyll withdrawe
Tyll of dame Justyce they knowe the sentence
They argue often and make defence
Eche vnto other withouten remedy
I wyll no lenger of them specefy

Ome on fayre youth and go with me
Unto that place that is delectable
Bylded with towres of curyosyte
And yet though that ye be lamentable
Whan thou art there you wylt be confortable
To se the merueyles that there be wrought
No man can prynt it in his thought

A path we founde ryght gretely vsed
Where in we went tyll at the last
A castell I sawe wherof I mused
Not fully from me a stones cast
To se the towres I was agast
Set in a valey so strongely fortefyed
So gentyll compassed and well edefyed

The towres were hyghe of adamond stones
With fanes wauerynge in the wynde
Of ryght fyne golde made for the noonys
And roobuckes ran vnder the lynde
And hunters came theym fer behynde
A Joye it was suche sawe I neuer
Abyde quod she ye shall se a better.

Forth she me ledde to the castell warde
Where we were let in by humylyte
And so after she lede me forwarde
Tyll that I sawe a royall tre
With buddys blossomed of grete beaute
And than we wente in to the hall
That glased was truely with crystall

And hanged was with clothes of Aras
Made of fyne golde with a noble story
How that there some tyme reynynge was
In the regyon of hyghe Italy
A valyaunt emperour and a myghty
That had to name forsothe Tyberius
Whiche dyde enquere of prudent Josethus

¶ Why he his offycers so longe kepte
Unto hym he answered a good cause why
Somtyme I sawe a man that slepte
That wounded was full pyteously
And on his woundes suckynge many a fly
I than for pyte moued theym away
By whiche he woke and to me dyde say

¶ Wher that thou trowed to me comfort
Thou now hast done me double greuaunce
Puttynge away the flyes that dyde resorte
To me beynge full of blody sustynaunce
By this thou mayst haue good perseueraunce
That now wyll come the flyes moost hungry
That wyll me byte.x.tymes more greuously

¶ The roof was wrought by meruylous gemetry
Colered with asure gold and gowlys
With knottes coruen full ryght craftely
And set also with wanton fowlys
As popyn iays/pyes/Iays/and owlys
And as I loked on my ryght syde
A lady I sawe of meruellous pryde

¶ Syttynge in a chayer at the vpper ende
Of all the hall as a lady and prynces
Amonge many kynges that dyde entende
To be obedyent to her hyghe noblenes
Her apparell was made of moche fayre ryches
Set with rubyes moost pure and rubicound
Embrawded with perles and many a dyamound

Belydes her sate the worthyes nyne
And she amonge theym a whele turnynge
Full lowe to her they dyd than enclyne
She somtyme laughynge and somtyme lowrynge
Her condycyon was to be dyssymelynge
And many exalten bpon her whele
Gyuynge theym grete falles that they dyd fele

Than sayd dyscrecyon beholde and see
That in dame fortune is no stablenes
This worlde also is but a vanyte
A dreme a pompe nothynge in stedfastnes
For fortune is fals and full of doblenes
Whan she moost flatereth she is not sure
As thou mayst se daylp in vre

Capitulum.iiii.

bb .i.

Oth than we went vnto the habytacle
Of dame hardynes mooſt pure and fayre
Aboue all places a ryght fayre ſpectacle
Strowyd with floures that gaue good eyer
Of vertuous turkeys there was a cheyr
Wherin ſhe ſate in her cote armure
Berynge a ſhelde the felde of aſure

Wherin was ſette a rampynge lyon
Of fyne golde ryght large and grete
A ſwerd ſhe had of merueylous faſſyon

As though a thousand she sholde bete
No man the vyctory of her myght gete
A noble vyrgyn there dyde her serue
That fyrst made harnes called Mynerue

The chaumbre where she held her consystory
The dewe aromatyke dyde oft degoute
Of fragraunt floures full of delycasy
That all yll heyres dyde ensence oute
A carbuncle there was that all aboute
Enlumyned the chaumbre both day and nyght
My thought it was an heuenly syght

Nyne quenes I sawe that satte her by
Beynge all armed of grete fortytude
In many a stower they wanne the vyctory
And were endued with facounde pulcrytude
For to haunte armes was theyr consuetude
Many a regyon they often wanne
And also vaynquysshed many a noble man

Nexte vnto her sate the hyghe quene Ista
That was a conqueres so puyssaunt
And besyde her the quene of Saba
Whiche in grete ryches was tryumphaunt
And also Ipolyte in armes valyaunt
Sate with her besyde quene Hecuba
And yet also the quene Europa

Present ther was the wiche quene Juno
And quene Pantasyll wyth fayre quene Elyn
And yet I sawe by her than also
The noble vyrgyn yonge Polyxyn

bb .ii.

That was deſtroyed at the laſt ruyn
Of Troye the grete by cruell Pyrrus
The ſone of Achylles that was ſo cheualrus

As I dyd loke I had commaundement
Of dame Dyſcrecyon for to remembre
Theſe noble ladyes ſo pure and excellent
Hardy in corage of age ryght tendre
Yet not withſtandynge deth dyde ſurrendre
And all theyr ſtrength and luſty corage
For he ſpareth nother youth ne age
                    Capitulum. v.

FOrth we walked to the dwellynge place
Of dame Sapyence so full of blys
Replete with Joye vertu and grace
No thynge there lacked that possyble is
Man for to comfort withouten mys
Though he were derke in wordely foly
He sholde there b enlumyned shortely

Her towre was made of werkes curyous
I can no thynge extende the goodlynes
Of her palays so good and gloryous
Bylded in the place soth of fastnes
With owten tast of wordely bytternes
No persone can extoll the souerente
Of her worthy and royall dygnyte

She eche estate sholde haue in gouernaunce
As theym to rule or that they repent
For better it is to haue good puruyaunce
At the begynnynge as is expedyent
Than for to wysh for thynges myspent
That myght be saued longe afore
And with a for wytte kepte in store

Her chaumbre was glased with byrall clarefyed
Depeynted with colours of delectacyon
A place of pleasure so heuenly gloryfyed
In vertue heale lyfe and saluacyon
Without ony stormy trybulacyon
That myght anoy the heuenly helth
But alway comfort to the sowlys welth

b.iii.

There sate dame prudence in vertue magnyfyed
Impossyble it is to shewe her goodelyhed
She was so fayre and clerely puryfyed
And so dyscrete and full of womanhede
That and I trowe vertue were deed
It sholde reuyue yet in her agayne
She was so gentyll and without dysdeyn

It was grete comfort vnto my hert
For to beholde that heuenly syght
Dyscrecyon sayd I sholde not depert
Tyll I had spoken with her syster bryght
Forth she me ledde with all her myght
Unto that prynces and royall souerayn
Ergo my labour was not in vayn

Than spake dame prudence with meke contenauce
Welcome dyscrecyon my syster dere
Where haue ye ben by longe contynuaunce
Wyth youth she sayd that ye se here
And for my sake I you requere
Hym to receyue in to your serupse
And he shall serue you in goodely wyse

Welcome she sayd for my systers sake
And yet also now for your owne
In to my serupce I wyll you take
Sythens that your wyldnes is ouerblowen
The sede of vertu on you shall be sowen
Uyre to depryue by his good auctoryte
As for to subdue all yll iniquyte

Of other mennes wordes be thou not bolde
And of theyr promys make no beheſt
And yf thou here an yll tale tolde
Gyue no iugement but ſay the beſt
So ſhall thou lyue euermoze in reſt
Who lytell medeleth is beſt at eaſe
For well were he that all myght pleaſe

Beware kepe the from grete offence
That thou condempned be not by ryghtwyſnes
Whan ſhe doth gyue her mortall ſentence
Without peaſe or mercy cauſe her reles
Her iugement of mortall heuynes
That the beſt frende to the wyll be
The for to ſocour in grete neceſſyte

But yet in theym haue none affyaunce
As fyrſt to ſynne thynkynge that they
At the ende to the wyll be delyueraunce
May ryghtwyſnes wyll dryue theym away
For of all ſynnes without delay
Suche ſynne in hope it is the mooſt
For it is the ſynne of the holy ghooſt

Now I amytte you into your rome
In the whiche ye ſhall your ſelfe apply
Of myn owne chaumbre ye ſhall be grome
Loke ye be dylygent and do not vary
From my comaundementes neuer ſpecyally
For and ye wyll theym well obſerue
I moche better rome ye do deſerue

The fyrst cõmaundement that I gyue the
Thynke on the ende oʒ thou begynne
foʒ thou by ryght may knowe the certente
That deth is fyne of euery synne
Be neuer taken in dyabolycall engyne
But that repentaunce may loose the sone
Of that grete synne that thou hast done

Trust not to moche in foʒtunes grace
Though that she laugh on the a whyle
foʒ she can sodenly turne her face
Whan that she lyst the to begyle
She welth and Joye can sone defyle
And plonge the in the pyte of pouerte
Wherfoʒe in her haue thou no suertye

Pʒesume no ferther than the behoueth
foʒ it wyll turne the to grete shame
foʒ who that from his rome remoueth
He is often full gretely to blame
And medeleth with other in theym lame
As no thynge connynge noʒ expert
They may hym say syt malapert

Oʒ that thou speke call to remembʒaunce
Unto what mater thy woʒde shall sygnyfye
Loke that it teʒne no man to greuaunce
Though that it be spoken merely
Yet many a one wyll take it greuously
Whiche that myght cause wʒoth and debate
Whyle that thou lyues beware of that

For a thynge loſt without recouer
Loke that thou neuer be to penſyfe
Thanke god of it thynke to haue an other
Lete wyſedome than be to the comfortyfe
That to thy brayn is beſt preſeruatyfe
For euermore ryght wyſe is he
That can be pacyent in aduerſyte

Proue thy frende in a mater fayned
Or thou haue nede than ſhalt thou ſe
Whyther he be iuſtly with the reteyned
The for to ſocour in thy neceſſyte
By profe thou mayſt knowe the veryte
For profe afore that nede requere
Defeteth dowte euer in fere

Be thou neuer ſo blynde in wylle
Yet loke thou be refourmed by reaſon
Than ſhalt thou my mynde fulfyll
And thou therto thy ſelfe abandon
Stryue not with reaſon for none encheſon
For wher ſhe lacketh ther is grete outrage
And without her may not aſwage

Eſchew alſo the ſynne of pryde
The moder and the feruent rote
Of all the ſynnes at euery tyde
Wherfore trede thou her vnder fote
With helpe of vertue ſo ſwete and ſote
Whiche is beſt ſalue to hele thy ſore
And to thy helth the to reſtore

Wo worth synne without repentaunce
Wo worth bondage without reles
Wo worth man without good gouernaunce
Wo worth infynall payne and dystresse
Wo worth vyce put fer in presse
Wo worth soueraynte hauynge dysdeyn
And wo worth pyte that doth refrayn

Wo worth ryght that may not be herd
Wo worth frendshyp without stabylyte
Wo worth true sentence that is deferd
Wo worth the man full of duplycyte
Wo worth hym without benygnyte
Wo worth lybertye withouten pease
And wo worth crueltye that may not cease

Wo worth connynge that is abused
Wo worth promys withouten payment
Wo worth vertue that is refused
Wo worth trouble without extyngupsment
Wo worth foly on message sent
Wo worth reason that is exyled
And wo worth trouth that is defyled

Wo worth the trust without assuraunce
Wo worth grace not sette by
Wo worth Justyce kepte in dystaunce
Wo worth welth replete with enuy
Wo worth the batayll without vyctory
Wo worth begynnynge without good ende
And wo worth wronge that doth defende

These commaundementes I put in memory
Theym for to kepe doynge my dylygence
With dame Sappyence I dyd longe tary
Whiche dyd me teche with partynge influence
Of her delycate and doulcete complacence
Than spake dyscrecyon anone to me
In the presens of her systers mageste

Thou art beholdynge to my syster reuerent
That the retepned hath vnto her seruaunt
Wherfore be thou to her obedyent
And at euery houre to her attendaunt
And ryotous company do thou not haunt
For that wyll payre and pll thy name
Wherfore of vertuous myrth let be thy game

Capitulum.vi.

cc .ii.

Dscrecyon ferther forth me lede
Unto the solempne and royall mancyon
Of dame nature in humayne stede
Ryght pleasaunt was her habytacyon
Of merueylous werke and sytuacyon
And she her selfe helde her estate
In a gloryous chaumbre without chekmate

Her towre was gylted full of sonne bemys
And within hanged with cloth of aras
The roof was paynted with golden stremps
And lyke crystall depured was
Euery wyndowe aboute of glas
Where that she sat as a fayre goddes
All thynges creatynge by her besynes

Me thought she was of merucylous beaute
Tyll that Dyscrecyon lede me behynde
Where that I sawe all the pryuyte
Of her werke and humayne kynde
And at her backe I dyd than fynde
Of cruell deth a dolfull ymage
That all her beaute dyd perswage

Full wonderous was her operacyon
In euery kynde eke and ryght degre
Withouten rest or recreacyon
I wyll not medle with her secrete
For it no thynge longeth to my faculte
But somwhat after I wyll expres
Of her grete power and worthynes

But in my boke well for to procede
Dame dyscrecyon ferther me brought
Into a fayre chambre as ye may rede
Of fyne gemetry ryght well wrought
To comfort man there lacked nought
But that me thought there was no company
Saue onely dame dyscrecyon and I

cc .iiii.

We had ben but a lytell whyle there
But that we sawe a lady clere
Ryght well appareled in sad gere
Mylde in her hauour dyscrete of chere
That came vs by and very nere
Ascendynge vp in to her hyghe sete
Garnysshed with perle and with gold bete

Than sayd dyscrecyon this is dame Justyce
Clene of conscyence without corrupcyon
And neuer be spotted with the synne of couetyse
But true as stele in the entencyon
Of ryght euermore without destruccyon
Geuynge alway a ryghtfull iugement
Obey thou youth this lady reuerent

A iuge fulfylled with the synne of auaryce
Or with fauour of kynne made blynd
Must nedys do wronge by grete piudyce
For fauour shold not conscyence bynd
Ryght to dyssymyll as I now fynd
In problemys wryten of antiquyte
Made by phylosophers of auctoryte

As we stode talkynge thus to gydere
Up came dame fortune so gayly gloryfyed
Impossyble it is for me to dyscouere
How gorges she was & gretly magnyfyed
Full lyke a goddes that had ben deyfyd
Clothed with gold sette full of rubyes
And tynst w̄ emeraudys & many a turkes

And kept to her there dyd ensue
Dame Hardynes that noble lady
After whome anone dyd pursue
Dame Sappyence whiche dyd not tary
Than came dame nature appareled royally
And all the other cladde in gold
Set with dyamondes many a fold

They lowted all vnto the ground
Afore dame Justyce for obeysaunce
That sate there both hole and sound
Withouten ony dyscontynuaunce
Gyuynge god ere vnto the vteraunce
Of these foure ladyes pledynge at barre
With all theyr cases dyd well abarre

Capitulum. vii.

cc .iiii.

Yrst dame hardynes began to plede
Saynge she was to man moost profytable
For she the hertes hath often fede
Of conquerous as it was couenable
And by my corage haue made theym able
Regyons to wynne theyr ennemyes to subdue
And yt I were not they had it rue

And yf a man be neuer so wyse
Withouten me he getyth none vteraunce
Wherfore his wylsdome may not suffyse
All onely without myn allegeaunce
For I by ryght must nedys enhauncce
A lowe born man to an hyghe degre
Yf that he wyll be ruled by me

Haue I not caused many a noble warreour
To wynne the batell by my grete myght
Without me was made neuer conquerour
Nor yet man coragious whan he dyd fyght
No man without me may defende his ryght
I may be worst from hym forborne
For and I were not he were forlorne

Dyd I not cause the noble hercules
By my power to wynne the vyctory
Of the sturdy and stronge Philotes
As is recorded in bokes of memory
For without me can be no cheualry
And vnder the wynge of my proteccyon
All rebels brought be to subieccyon

A realme is vpholden by thynges thre
The fyrst and the chyef it is the swerd
Whiche causeth it to be in good suerte
And other realmes of it to be aferd
By whiche the vsurpers be dyfferd
From theyr wyll with treason knyte
And by me slayn for theyr fals syte

The seconde is lawe that euer serueth
But within the realme onely
For other nacyons our lawe ne dredeth
But our swerd they do in specyally
For and they roose ayenst vs proudly
As they haue done often in tymes past
Yet w' our swerd they shold be ouercast

The thyrde be marchauntes that do multyply
In this realme welth and prosperyte
For of euery thynge they often occupy
Euery man lyke vnto his faculte
For without marchaunt es can not be
No realme vpholden in welth & pleasure
For it to vs is a specyall tresure

Also yet hercules the pussaunt geaunt
Dyd slee the monstre afore Troy the grete
And with his strokes he dyd hym daunt
They were so peysantly on hym sette
That he the vyctory on hym dyd gette
Had I not be comfort vnto his harte
Suche vyctory had ben leyd aparte

Dyd he not vaynquysshe in ye forest of Nemee
The thre mortall lyons by his grete hardynes
And ryued theyr Iawes as was to se
By twene his handes by chyualrus prowes
And yet by armes and knyghtly exces
In egypt he slewe the tyraunt Busyre
And brent hym after in a grete fyre

Also he flewe the tyraunt Cacus
For his tyranny and grete myschefe
By caufe his dedys were fo odyous
For he dyd murdre and was a thefe
Wherfore his deth to many was leef
Who more of his actes wyll haue report
To the Troyans ftory lette hym refort

Also the worthy and the noble hectour
That eclyped was the troyans champyon
And of all cheualry called the flour
In his tyme reynynge and of renowne
Of whofe noble dedes the brute and fowne
Was fpred by euery ftraunge habytacyon
That they of his faytys dyde make relacyon

By his power and hardy corage
He put the grekes full often to flyght
And bete theym downe by a grete outrage
That well was he that hym faue myght
Full often he brought theym to the plyght
His dedes were pure without magycyon
And without nygromancy or fuche corrupcyon

Dyd I not caufe alfo kynge dauith
A lyon Iawbones to rent and tere
That dyd deuour his fhepe in the fryth
As he fat kepynge of theym there
The lyons crueltye myght not hym fere
And he in his youth fo hardy was
That he dyd fle the gyaunt Golias

Dyd I not cause the noble Julius
Emperour of rome for to be electe
By cause he was so stronge and chevalrus
Whan in armes he knewe the affecte
He all his ennemyes dyd abiecte
And by the support of my chyef socour
He gouerned hymselfe lyke a noble emperour

And also Arthur kynge of Bretayne
With all the knyghtes of the rounde table
Neuer auentures had sought certayne
And I therto had not ben greable
They for to fyght had not ben able
Who that me lacketh is but a coward
And shame is euer his rewarde

Also kynge Charlemayne kynge of Fraunce
With his dysippers Rowland and Olyuer
With all the resydue of his alyaunce
That in all armes so noble were
On goddys ennemyes brake many a spere
Caulynge them to flee to theyr grete bylony
Hardynes was cause that they had vyctory

O worthy hardynes the shynynge sterre
Alway to mannys herte the comfort
Whan that it is the tyme of werre
Unto what partye that thou resort
They wynne the batall by thy support
And wher that thou lettest thy bemys dyssende
They often hye to honoure assende

Than sayd dame hardynes vnto the Juge
I pray you that ryght I may haue
Sythens I to man am chyef refuge
Whan that he lysteth of me to craue
I make hym coragyous and his worshyp saue
Wherfore I owte to haue the preempnence
By ryght reason and good experyence

That I deny you sayd dame Sapyence
Of whom haue you your ordre of pledynge
For ye neuer can haue none intellygence
But by the meane of myn informynge
For I am alway your mynde techynge
And without me your tale were but a fable
For ye without wytte sholde alway bable

This wyll I proue by myn oppynyon
That I am grounde of the artes seuen
And of all good werkes in comunyon
For no man without me can go to heuen
My dedys be merueylous for man to neuen
Whan they ben wrought in to theyr degre
Who that wyll lerne theym he hath the lyberte

Of my dedes bokes do make recorde
The whiche clerkes put into remembraunce
For an example without dyscorde
Of heuenly way by vertuous gouernaunce
Without me man can haue no pleasaunce
Nor yet hym rule in no maner wyse
A man without wytte is to dyspyse

Hardynes without prudence may not auayle
Though that a man be neuer so sturdy
For a wyseman feble may wynne the batayle
Of hym that is ryght stronge and myghty
For better it is for to be ryght wytty
In the defence of his good saue garde
Than often to stryke and to renne forwarde

That thynge that hardynes may not wynne
May be goten by my hyghe souerente
And with the helpe of subtyle engynne
It may be brought to the extrempte
Wher that it myght not by possybylyte
Of hardynes longe afore be wonne
Yet by grete wysedome it may be donne

Unto dyuers cases J take excepcyon
Of dame Hardynes whiche are no lawe
Unto the fyrst vndre your correccyon
She sayd.and she her power dyd wythdrawe
No rebell than shold stand in awe
And she is the chyef as J knowe well
That causeth hym for to be rebell

By her foly and folysshe hardynes
She causeth men to ryse ayenst theyr lorde
She is the cause of mortall heuynes
Whan she doth breke the good concorde
Wherfore me thynke by one accorde
For to exyle her it is now the best
Than man sholde lyue in peas and rest

And where she sayd that she exalted
Julius cesar by her grete expience
In that case she ryght clerely varyed
For it was I by my grete dylygence
That neuer was out of his presence
But ruled hym and made hym worthy
To be chosen emperour of all Italy

Chosen he was by the compn assent
For the grete wysedome that in hym shone
With a grete voyce and a hole entente
For lyke vnto hym was there none
That was so abell as he alone
For to occupye an Emperours dygnyte
Of his promocyon he myght thanke me

I Sappence am endewed with grace
And the lode sterre of heuenly doctryne
The sprynge of comfort Ioye and solace
Who that lyst to me for to enclyne
He shall knowe thynges that be dyuyne
And at his ende beholde the deyte
That is one god and persones thre

It pleased the fader that is omnipotent
His sone to send to be incarnat
Of the vyrgyn Mary the sterre moost excellent
Mayden and moder yet not vyolate
Lyke a vessell chosen and made ornat
All onely for to be goddys moder
And he hym selfe vnto man broder

But a ſtryfe there was bytwene god and man
Whan man conſented to ſynne dedely
By that the dyſcorde fyrſt began
Whan he the ſone of god on hy
That is his brother agayn wyll crucefy
yf ȝe had power by whiche is offended
The fader of heuen as is entended

Therfore lete vs to our brother go
Named Jheſu Cryſt and axe hym mercy
With a good entent and hert alſo
There is for vs none other remedy
That ony tonge truely can ſpecyfy
And he wyll take it for a correccyon
And of all vengeaunce ſeaſe the affeccyon

That we may of hym haue forgyuenes
Of our grete ſynne with reformacyon
Of peas bytwene the faders hyghenes
Of heuen and vs in ſuſpycracyon
Therfore yf thou drede the amocyon
Of his ryghtwyſnes loke that thou flee
Ryght faſt vnto his mercyfull pyte

For his mercy is more than all our myſery
And eke aboue his werkes all
As Dauyd ſheweth in his prophecy
Saynge his mercy is ouer all
To whom I pray euer in eſpecyall
To gyue me grace well my penne to lede
That quaketh aye for drede

Dame Sappence sayd J do procede
Of the strength of the holy ghoost
That is and shall be mater in dede
God and lorde of myghtys moost
Whose infynall power was neuer lost
And yet neuer had no begynnynge
But alway lyke stronge without endynge

Where that dame hardynes in her pledynge
Made her selfe to knyghtes moost necessary
By the meanes of her power shewynge
That J by ryght do now well deny
For in that case she dyd moche vary
For syxe there are that more profyte be
Of whiche the lest is better than she

The fyrst is prudence that is the chefe
That hym doth rule and is his gyde
And kepeth hym from grete repꝛefe
And causeth his worshyp for to abyde
So euery crysten man shold proupde
By his wit to withstand the deuyll
That he consent not to do euyll

The seconde is that he sholde be true
To his souerayn lorde that on hym reyneth
And all treason for euer to eschewe
In whiche grete shame often remayneth
And by whiche he his kyne dysteyneth
So a crysten man sholde be true euer
To Jhesu Cryst that was his redemer

DD .i.

The thyrde is that he sholde be lyberall
Amonge his comons withouten lette
That is the cause euer in generall
That he the loue of theym doth gette
For it causeth theyr hertes on hym be sette
So euery true crysten man sholde be
To god intended with lyberalyte

The fourth is that he sholde be stronge
His ryght euer for to defende
And neuer to no man for to do wronge
But wronges for to dyrecte and amende
As ferre as his power wyll extende
So a true crysten man sholde exclude
All maner of vyces by his fortytude

The fyfth is y he sholde be mercyable
In all his dedes withouten furoure
For that to hym is gretly conuenable
And eke to kepe hym out of erroure
For he of mercy sholde be a myrroure
So vnto them it is ryght necessary
Who that wyll be saued for to haue mercy

The syxte is a knyght ought for to kepe
The poore folke in theyr grete nede
That often for hungre and thyrst do wepe
He ought with almes theym for to fede
And the better he shall than spede
So euery true crysten man sholde do
As ferre as his power cometh vnto

I Sapyence am of the kynges counsayll
Whiche is clothed with purple that sygnyfyeth
The grace and the pulcrytude without fayll
Of grete vertues that in hym shyneth
For to no vyces he neuer enclyneth
Hauynge in his hede a fayre crowne royall
That sheweth his dygnyte to be regall

Whiche to his people is the chefe glory
Thrugh whome his subgectes be dyrecte
And made obedyent to hym certaynly
At euery houre by ryght true effecte
But forthermore by good aspecte
He bereth a ball in his lefte hande
The whiche betokeneth as I vnderstande

A kynge to be a good admynystratour
Vnto his subgectes in euery place
And to be for theym a good prouysour
As reason requyreth in euery case
I Sapyence do rule his noble grace
In his ryght hand he hath a septure
That doth sygnyfye by ryght his rygoure

All men to punysshe for theyr offence
By his ryghtwysnes whome the loue
Of vertue shynynge in experyence
Doth not extoll nor yet now remoue
A lampe doth hange his heed aboue
Alway lyght and clerely brennynge
Whiche sygnyfyeth the mercy of a kynge

DD .ii.

The olde philoſophers by theyr prudence
Fonde the ſeuen ſcyences lyberall
And by theyr exercyſe & grete dylygence
They made theyr dedes to be memoꝛyall
And alſo poetes that were fatall
Craftely coloꝛed with clowdy fygures
The true ſentence of all theyr ſcryptures

O Juſtyce lady and ſouerayne goddeſſe
Gyue you true ſentence now vpon me
As ye be ſurmountynge in vertue & nobleſſe
Lete me dame Sappence haue the ſouerayntе
As is accoꝛdynge to my royall dygnyte
Foꝛ J am mooſt pꝛofytable vnto man
And euer had ben ſyns the woꝛld began

Than ſayd dame Foꝛtune ye are imperfyte
Without that J therto be accoꝛdaunt
Foꝛ all your hardynes & pꝛudence perfyte
J vnto you muſt be well exuberaunt
And with your werkes euer concoꝛdaunt
Where that J fauer they haue good cōfoꝛt
In all theyr dedes by my ſwete reſoꝛt

J foꝛtune am the rule and ſteere
Of euery perſone lyke to my wyll
That in this woꝛlde now lyueth here
Whan that J lyſt foꝛ to fulfyll
My mynde ryght ſone J can dyſtyll
The dewe of comfoꝛt welth and rycheſſe
To man exaltyuge hym to nobleneſſe

Though that a man were neuer so hardy
Without me he myght not attayne
And though that a man were neuer so wytty
And I dyd my power from hym refrayne
All his labour were lost in vayne
So hardynesse and prudence in no wyse
Without good fortune may well suffyse

Though that a man were but a fole
Yf I consent that he be fortunate
He nedyth not to make no grete dole
For I shall mayntene so his estate
That he in rychesse shall be so eleuate
Fulfylled with welth & worldely tresure
That he shall lacke no maner of pleasure

Where that dame hardynes wold afferme
By her cases that are so vnsure
That she by her power doth conferme
The knyghtes of vyctory for to be sure
Whan she doth take theyr hertes in cure
Yf fortune be awaye she may not auayle
For they by reason must lose the batayle

Yet forthermore as I do well consyder
How dame hardynes dyd expresse
Sythens the tyme that I came hyder
That she promoted had to worthynes
Hector dauid and the noble hercules
With many other wherof she fayleth
For it was fortune as she well knoweth

DD .iii.

For in olde tyme the noble warryours
For to eschewe euer my grete daungere
In whiche tyme they were ydolestours
Than they to put hym oute of fere
To ydols went that theyr goddes were
For to haue answer yf they sholde wynne
The batayll or they dyd begynne

What nede I pleed by longe contynuaunce
As dame Sapyence dyd in maters hy
It were of tyme but dyscontynuaunce
But o dame Justyce the gentyll lady
Loke that ye Juge my mater ryght wysely
That I of hardynes may be the pryncypall
And of dame prudence & nature with all

Than sayd dame nature that may not be
As I can proue by ryght and reason
For I am moost confort to humanyte
As man well knoweth at euery encheason
And can not be forborne for none season
For where I lacke without ony delay
Man is but dede and turned to clay

That nature gyueth by her power
Wysedome nor hardynes may not defete
For I to man am the chefe doer
Durynge his lyfe without retrete
Also dame fortune may not well lete
Me of my course though she it thought
In sondery wyse my dedes are so wrought

Though that a man were infoꝛtunable
And though that he were neuer so folyſſhe
And a grete cowarð to fyght not able
Yet ſhulde he lyue and neuer peryſſhe
Tyll that my power of hym doth fynyſſhe
Whiche fayle muſt ones it is my pꝛopꝛete
And that was gyuen me by the deyte

I am the oꝛygynall of mannes creacyon
And by me alway the woꝛld doth multyply
In welth pleaſure and delectacyon
As I wyll ſhewe now in this party
My dedes be ſubtyll ⁊ wꝛought craftely
What were the woꝛlde yf I were note
I,t were ſone done as I well wote

The lawe of nature doth man bynde
Both beſte foule and fyſſhe alſo
In theyr degre to do theyr kynde
Blame theym not yf they do ſo
Foꝛ harde it is euer to ouer go
The kynde of nature in her degre
Foꝛ euery thynge muſt ſhewe his pꝛopꝛete

Who of theyr pꝛopꝛetes lyſt to rede
Lete hym loke in the boke of barthelmewe
And to his ſcripture take good hede
That ryght nobly of theym do ſhewe
With all theyr actes beynge not a fewe
But wounderous many by alteracyon
Foꝛ lyke hath lyke his operacyon

I nature noryſſhe by myn afflyccyon
Mannes humayne partyes ſuperfycyall
And am the ſpꝛynge of his complexion
The fonteyne of his vaynes inferyall
To hym conſerue mooſt dere and ſpecyall
Though he were hardy⁊ wyſe he myȝt not me foꝛbere
Noꝛ foꝛtune without me auayleth not hym a pere

Wherfoꝛe dame Juſtyce be you now indyfferent
Conſydꝛe that I am mooſt dere and leſe
Unto euery man that is cliquẏlent
And aboue all medycyns to hym mooſt chefe
And by my ſtrongh vnto hym releſe
In his dyſeaſe wherfoꝛe as thynke me
I ought of reaſon to haue the ſoueraynte

Than ſpake dame Juſtyce with meke contenãce
I wyll all your contrauerſy now redꝛeſſe
Foꝛ I of your reaſons haue good perſeueraunce
And after your caſes both moꝛe and leſſe
Wherfoꝛe I Juſtyce by good ryghtwyſneſſe
Gyue now vpon you a fynall Jugement
That ye foure agree by a hole aſſent

Man foꝛ to pleaſe at euery houre
Without dyſgrement oꝛ contradiccyon
And in his nede to do hym ſocoure
With louynge herte and true affeccyon
He ſhall be in your good iuryſdyccyon
And you of hym ſhall be copertyners
Both of his lyfe and of his maners

Than sayd dame hardynes I agre therto
And so do I than sayd dame Sappyence
Than sayd dame Fortune I also do
Agre vnto dame Iustyce sentence
And I dame Nature wyll do my dylygence
Lyke as ye do man for to please
And hym to strength in his dysease

With that dame Iustyce vp arose
Vnto the ladyes byddynge fare well
And went into her chaumbre close
I cleped conscyence wher she dyd dwell
As dame Dyscrecyon dyd me tell
Than hardynes & fortune went downe the stayre
And after theym Nature so clere and fayre
　　　　　Capitulum. viii.

Dame Sappence taryed a lytell whyle
Behynd the other saynge to Dyscrecyon
And began on her to laugh and smyle
Axynge her how I stode in condycyon
Well she sayd in good perfeccyon
But best it is that he maryed be
For to eschewe all yll censualyte

I knowe a lady of meruelous beaute
Sprouge out of hyghe and noble lynage
Replete with vertue and full of bounte
Whiche vnto youth were a good maryage
For she is comen of royall apparage
But herde it wyll be to gete her loue
Without youth frayltye do sore reproue
　　　　　　　　　　　ee .i.

I kneled downe than vpon my kne
Afore dame Sappence with humble chere
Belechynge her of me to haue pyte
And allo Dylcrecyon her fyster dere
Than dame Sappence came me nere
Saynge youth wyll ye haue a wyfe
And her to loue durynge her lyfe

Ye madame that wolde I fayne
Yf that lhe be both fayre and bzyght
I wyll her loue euer moze certayne
And pleas her alway with all my myght
Of luche a perlone wolde I haue a lyght
With all my herte now at this houre
Wolde to god I had lo fayre a floure

Than layd dylcrecyon there is a kynge
Dwellynge fer hens in a fayre caltell
Of whome I oft haue herd grete talkynge
Whiche hath a doughter as I you tell
I trowe that youth wyll lyke her well
She is both good eke fayre and pure
As I repozt me vnto dame Nature

But yf that youth lholde her go lcke
Ye mult lyfter than hym well indue
With your grete power lo good and meke
That he all frayltye may elchue
Foz by the way it wyll oft purlue
On hym by flatery and grete temptacyon
That lhall bzynge hym in tribulacyon

As for that sayd she he shall not care
For he shall theym sone ouercome
And of theyr flatery ryght well beware
For I to hym shall gyue grete wysedome
Theyr dedes to withstande & make theym dome
Wherfore dere syster as I you pray
Vnto her lede hym now on the way

Loke that ye send me in his necessyte
By dame swyftnes full sone a letter
By whiche that I may knowe the certaynte
That I may come to ayde hym beter
So that fraylte to hym be no freter
And though I be not alway vysyble
With hym my power he hath inuyncyble

Than sayd dame Sappence to dyscrecyon
Fare well dere syster I may not tary
Loke ye of youth haue the tuycyon
That he fall not into vaynglory
And that ye purucy for hym shortly
That he may wedde the fayre dame clennesse
Whiche for her loue haue ben in duresse

With that dame Sappence downe went
In to her place that was the doctrynall
Of famous clerkes in connynge splendent
A myrrour of lernyng that was dyuynall
With all the craftes artyfycyall
Byfore her dame Fortune went to her mancyon
And eke dame hardynes to her habytacyon

ee .ii.

Capitulum nonum

HOrth than went dyscrecyon and J
Out of the castell into a grene
Where byrdys sange by grete melody
There daunst also the fayre quene
Besyde a ryuer named Ephesene
Ouer whiche we wente to the other syde
That was a medowe both longe and wyde

Longe there we wandred tyll at the laſt
We came vnto a ryght grete wyldernes
By that tyme Phebus was ouer paſt
Wherfore we waiked in grete derkenes
The whiche to me was a grete heuynes
For Lucyna eke dyd her ſhrowde
Under a blacke and myſty clowde

For ſhe was horned and no thynge cleere
And entred into the ſygne of caprycorne
Ryght ferce from phebus fulgent ſpeere
And not apenſt hym the crowne had worne
I went vp and downe tyll en the morne
That phebus his golden reyes dyd ſprede
Than dyſcrecyon ferther forth me lede

Amonge thornes ſharpe & beſtes wylde
There was the lyon the wolf & the bere
But I coude mete nother man ne chylde
But many ſerpentes that dyde me fere
And by a ſwete ſmelle I knewe a pantere
So forth I went by longe contynuaunce
Tyll that I ſawe an herber of pleaſaunce

To whiche I toke anone my waye
Where that I ſawe a lady excellent
Rydynge on a goote in freſſhe arraye
Ryght yonge of age & luſty of entent
Prayenge me to her for to aſſent
As to ſatiſfyll the fleſſhly pleaſure
Whiche ſhe delyred me out of meſure

                                        C .iii.

Nay sayd dyscrecyon that may not be
No sayd I in no maner of wyse
To her request I wyll now agree
But euermore here foule lust despyse
For I my selfe do now aduyse
To kepe me chast that I may mary
Fayre dame Clennes that noble lady

SO forth I went walkynge my iournay
Metynge a lady olde and amyable
Syttynge in a castell both fressh and gay
On an olyphauntes backe in strength so stable
Whiche it to bere was good and able
Hauynge in her hande a cup of golde
Sette with perles ryght many afolde

She sayd she was the lady of rychesse
The quene of welth and worldely glory
Prayynge me to company with her noblenesse
And she than wolde promote me shortely
To innumerable ryches and make me worthy
Where I am poore and sette by nought
By her to worshyp I sholde be brought

Unto her I answered I wolde not so
As for to hunt in the parke of pryde
The whiche to Clennes is mortall so
But with Dyscrecyon I wyll abyde
Whiche doth a wyfe for me prouyde
By whome I shall haue the possessyowne
Of heuenly kyngdome & grete renowne

So forth I went and had grete trauayle
Without the comfort of ony persons
Saue of dyscrecyon whiche dyd me counsayle
As she went walkynges with me alone
Unto her I made full grete mone
And lykened the wyldernes by morall scence
Unto worldely trouble by good experyence

                                    ee .iiii.

She sayd the fyrst lady that I dyd mete
Iclyped was dame Sensualyte
Whiche can well flater with wordes swete
Causynge a man to fall into fragylyte
And for to haunt the carnall freylte
Whiche vnto clennes is abhomynable
For they in werke be gretely varyable

The seconde was pryde enduyd with couetyse
A lady of ryght fruytles medytacyon
Delytynge gretly in the synne of auaryce
The whiche is cause of her dampnacyon
For she by her fals supportacyon
Blyndeth many a mannes conscyence
And dryueth ryght oft fer in absence

So ferther I went tyll at the last
I was in a mase goynge in and oute
Ther was none other way I was agast
But forth I walked in grete doute
Now here now there and so rounde aboute
Than sayd vnto me dame Dyscrecyon
Ye are in the besynes of worldely fastyon

There in I trauayled by longe space
Tyll that I mette a lady gloryous
Indued with bertue and grete grace
To whom I sayd o lady precyous
As ye seme to be good and bertuous
I you beseche now without delaye
Unto dame Clennes to teche me the waye

¶ Sapyence now wyll shewe to the
The ryght waye vnto fayre clennes
And yf thou wylt be ruled by me
Thou shalt mary that noble pryncess
Yes that wyll I sayd than douteles
Dyscrecyon sayd she wolde be my suerte
Sapyence sayd none better myght be

Than sayd dyscrecyon to dame sapyence
Welcome to vs my syster dere
And I to her dyd humble reuerence
Saynge who had went to fynde you here
Yes she sayd I haue ben neete
You often tymes syth my departynge
And haue ben cause of your goode gydynge
Capitulum. x.
COme on your waye walke on a pace
For ye longe for to haue a syght
Of dame Clennes so clere a face
So goodely of body in beauty bryght
That there can not be so fayre a wyght
So forth we walked to a ryuer syde
That ebbed and flowed at euery tyde

Than I saw a castell a pales royall
Bylded with marble blacke as the gette
With glasse wyndowes as clere as cryftall
Whiche on the other syde was sette
No man to the castell myght gette
But ouer the water on a lytell brydge
Not halfe so brode as a hous rydge

But as I cast myn eye than asyde
I saw a lady wounderous fayre
Demure of contenaunce without pryde
That went her selfe for to repayre
By the water syde to take the ayre
Beholde and se than sayd dame sapyence
Yonder is dame Clennes the sterre of excellence

Full glad was I than in my mynde
For to se that flour of complacence
The syght of her dyd my herte bynde
Euer her to loue with percynge influence
Unto her I sayd o well of contynence
Unto your grace fayne wolde I go
Ner lettynge of this water blo

To me she answered than agayne
Saynge this wolde withouten mys
Is but a vanyte no thynge certayne
In the lyke wyse as this water is
Ye can not come to me now ywys
But by that brydge that goth ouer
This stormy troublous & wawy water

Therof sayd sapyence he shall not lette
Well sayd Clennes be you his gyde
And dyscrecyon also for to be sette
For to vpholde hym vnto the other syde
That he do not in the water slyde
So to the brydge they dyde me lede
I quaked than for fere and drede

I sawe there wryten this lytterall sence
No man this brydge may ouer go
But he be pure without neglygence
And stedfast in goddes byleue also
yf he be ignoraunt and do not so
He must nedys into this water fall
Ouer the heed and be drowned with all

They led me ouer this brydge so peryllous
Tyll that I came to a preuy place
Where were wryten with letters gloryous
This is the kyngdome of grete grace
No man by ponde this marke may trace
But yf he be brought in by dame wysedome
If he so be he is moche welcome

So forthermore yet forth we went
In to a hall that was solacyous
Made of precyous stones splendent
That theym to se it was ryght wounderous
They were there so gretly plenteuous
That the hall paued was for the nones
With none other grauell but precyous stones

Here was dame Clennes that lady gent
And eke her fader the kynge of loue
He satte in a chayre ryght clere and excellent
At the vpper ende of the hall aboue
He satte styll and dyd not remoue
Gyrde with wylowes and myght notse
No maner a thynge in his degre

He had two wynges ryght large and grete
And his body also was naked
And a dart in his ryght hand was sette
And a torche in his left hand brenned
A botell aboute his necke was hanged
His one leg armed and naked the other
Hym for to se it was a wonder

Sappence bad me meruapll no thynge
For she wold shewe me the sygnifycacyon
Why he so sate by shorte rekenynge
Accordynge to a morylyzacyon
Now of the fyrste to make relacyon
Loue sholde be gyrde faste with stabylyte
Without whiche loue can haue no suerte

Loue may not se but is alway blynde
And wenyth no man can haue perseueraūce
Where that he loueth by naturall kynde
But he do shewe hym by wordes of vteraūce
Trught he bewreyeth hym by contenaunce
For hard it wyll be loue so to couere
But that som man shall it perceuere

Also his nakednes doth sygnyfy
That true loue no thynge ellys desyreth
But the very persone and eke body
That he so well and feruentely loueth
His wynges also well betokenyth
That his mynde fleeth vnto the persone
That he doth loue so well alone

And also loue is stryken with a sharpe darte
That maketh a man for to complayn
Whan that it hath wounded sore his herte
It brenneth hote lyke fyre certeyn
Than loue his purpose wolde fayne atteyn
And is euermore both hoot and drye
Tyll his lady gyue hym drynke of mercy

His one legge is armed to defende
The ryght that longeth vnto amyte
And wronge loue for to amende
His naked legge betokeneth charyte
That is the Joye of grete felycyte
So charyte ryght loue and good concorde
With stablynes reygneth in this myghty lorde

Capitulum. xi.

Than forth me led good dame Sapyence
Afore that myghty lordes mageste
Come on she sayd put the in presence
That thou mayst se dame clennes beaute
Ponder in thy mynde by veryte
That so fayre as she was not quene helyn
Quene Ipolyte or yonge Polyxyn

This lady is clene without corrupcyon
And wereth thre crownes for her vyrgynyte
One is for people of perfyt relygyon
An other for maydens keppynge chastyte
The therde for true wedowes as þ mayst se
I wyll the now to her fader present
Her for to mary yf she wyll consent

Than sayd dame sapyence o noble emperour
O souerayne lozde and royall potestate
O vyctozyous pzynce & famous conquerour
O kynge of loue and sesser of debate
To the no creature may say chekmate
I pzesent the now this vertuous knyght
Foz to mary clennes your doughter bzyght

I thanke you he sayd foz your good wyll
But he that to Clennes maryed must be
He must my commaundement fyzste fulfyll
As to sconfyte the dzagon with heedes thze
That is a serpent of grete subtylte
Whiche well betokeneth as we do fynde
The wozlde the flesshe & the deuyll by kynde

Sapyence sayd I sholde not fayle
To do his commaundement foz Clennes sake
As foz to sle the dzagon in batayle
That lay in a marys in a grete lake
Whiche was moche stynkynge foule & blake
Wysedome bade me be not aferde
Foz she wolde gyue me a shelde and swerde

And arme me also with fayre armure
To vaynquysshe that dzagon so ferse & grete
She sayd it sholde be so good and sure
That I no harme of hym sholde gete
Though he his teth on me had sete
Yet sholde I slee hym foz all his myght
By my grete strokes whan I dyd fyght

Fyrſt ſhe my legge harneys ſette on
And after my plackerd of grete ryches
She armed me her ſelfe alone
And laced my helmet of her gentylnes
I thanked her for her grete goodnes
And gaue me my ſwerde and ſheld alſo
Saynge lete vs to the dragon go

This is the armure for the ſoule
That in his epyſtole wrote ſaynt Poule
Good hope thy legge harneys ſhall be
The habergyn of ryghtwyſnes gyrde w̄ chaſtyte
Thy plackarde of beſynes w̄ brauches of almes dede
Thy ſhelde of beleue and mekenes for the hede
Thy ſwerde ſhall be the to defend
The worde of god the deuyll to blȳnde

DA me sappence & J dyd take our lycence
Of the kynge of loue in vertue depured
And of his doughter shynynge in excellence
Whiche to me sayd with wordes assured
O vertuous knyght you fo2 me haue dured
Jngrete wo a payne but thynke you verely
To scomfyt that d2agon by wysedome sho2tly
ff.i.

Than went we forth to that serpent
In merueylous trauayle of sorowe and bale
By that tyme the daye ryght fayre was spent
And phebus his courſe began to auale
But at the laſt we came into a dale
Wher we felt the ſauer of a dungeon
Of the foule and ſtynkynge dragon

Nere to that dragon there was a way
That men vſed vpon a fayre hyll
Unto hyghe heuen ſo freſſh and gay
But that dragon lette theym theyr wyll
And by the way he dyd theym kyll
Bryngynge theym vnto the dungeon
Iclyped the place of grete oblyuyon

I had not be there halfe an houre
But that this dragon me approched
As though that he wolde me deuoure
He ſo ferſly than on me marched
The batayle bytwene vs longe contynued
But he had me ryght ſone ouercome
If I had not helpe of dame wyſedome

I ſtrake at hym faſt with my ſwerde
And with my ſhelde dyd me defende
Wyſedome bad me not be aferde
But my ſtroke that for to amende
As fer as my myght weld extende
So by her wordes I plucked vp myn herte
And dyd than vnto the dragon ſterte

But he caught me than in his clawes
And so we wrasteled longe to gyder
But he hyld me sharpely in his pawes
Tyll wysedom my feblenesse dyd consyder
Beholde she sayd dame clennes yonder
Than as asyde I cast all my syght
I sawe that lady so pure and bryght

My strength than dobeled an hundred folde
And I from hym brake by vertuous prowes
My herte was warme that afore was colde
With the comfortable syght of fayre dame clennes
Than I to hym gaue strokes of exces
And with my sharpe swerde cut of anone
Two of his heedes leuynge hym but one

These two heedes by good morall sens
The worlde and the flesshe do sygnyfy
As I in scrypture haue intellygence
The fyrste the worlde that is transytory
Lyeth bytwene man and heuenly glory
Lettynge hym often of his passage
If it of hym can gete auauntage

The seconde is the flesshly desyre
That troubleth a man ryght sore within
Settynge his courage vpon a fyre
Causynge hym to enclyne to dedely syn
His flessh the batayll of hym doth wyn
Often bryngynge hym into dampnacyon
If repentaunce were not his saluacyon

ff .ii.

Repentaunce alway requyreth mercy
And penaunce to god is a satiſfaccyon
For god deſyreth euermore truely
An humble herte full of contrycon
And the worlde deſyreth reſtytucyon
Of goodes that haue be goten wrongfully
To be reſtored vnto the ryghtfull party

Whan I by wyſedom had won the vyctory
Of theſe two heedes I was ryght glad
His thyrde heed marched ayenſt me ſharpely
But I my ſwerd in my hand had
Strykynge at hym with ſtrokes ſad
And blode of hym coude I drawe none
For he had nother fleſſhe ne bone

But at the laſt I dyd hym vaynquyſſhe
Dryuynge hym home to his derke regyon
Of infernall payne that ſhall not fynyſſhe
For hell is called his propre mancyon
And of all other of his oppynyon
That do the precceptes of god forſake
And to deuelyche werkes theym do be take

God by his ryghtwyſnes made a lawe
By whiche man for dedely ſynne is condempned
If god his vengeaunce do not withdrawe
In euerlaſtynge payne he ſholde be pryſoned
But and man mercy of hym requyred
With penytent hert he ſholde it haue
And with his mercy he wyll man ſaue
℣ Capitulum. xii.

And there met me dame clennes blyue
And dame grace bare vp her trayne
Whiche euer to her was affyrmatyue
From whome dame clennes myght not refrayne
Than sayd she to me I am ryght fayne
That ye ar comen in to this place
Where ye shall wedde me in short space

Upon my kne I kneled than downe
Saynge o sterre of the blysse eterne
O well of vertue and of grete renowne
O dyuyne comfort moost sempyterne
Whan I your beautye do so well decerne
Ye set myn hert vpon a brennynge fyre
With feruent loue to come to my delyre

To me she answered in this wyse
O my dere herte my spouse so pure
Why do ye not on your fete aryse
You of my true loue shall be sure
For ye my hert haue now in cure
Lete vs go now to our fader reuerente
So forthe vnto hym than we wente

Whan that we came afore his fayre face
Dame clennes made curtesye vnto the grounde
Saynge o fader kynge of grete grace
This knyght to loue ye are now bounde
And so am I for I haue often founde
Grete kyndnes on hym both nyght and day
For he hath loued me ryght well alway

Than came dame fayth that lady gloryous
Welcome she sayd with wordes amyable
I am ryght glad ye ar so vyctoryous
Of that foule dragon so abhomynable
She sayd that I was euermore stable
In her in dede eke worde and thought
Or elles my labour had ben to nought

Than spake the lady fayre dame charyte
Welcome vertue the noble veteran
Sythens that ye alway haue loued me
From the fyrst seeason that ye began
Bothe in your youth & syth ye were man
Ye haue had me in humble reuerence
And haue ben ruled by my preemynence

Than sayd dame prayer in my presence
Ye neuer cast me in oblyuyaunce
By no slouth nor wordely neglygence
But haue had me in grete remembraunce
Whiche hath ben to me very grete pleasaunce
Wherfore welcome vertue my dere
Unto this castell that ye se here

Than came fast to me dame lowelynes
Clyppynge me harde with louely chere
Byddynge me welcome with grete gladnes
As by her contenaūce it dyd well appere
Come on she sayd and walke on nere
So than amonge these fayre ladyes all
I went in to the grete castell hall

When I had scomfyte this serpent venymous
Sappence to me ryght gentely sayd
Blessyd be god ye are so gracyous
That ye shall mary Clennes the mayd
But yet erwhyles ye were a frayd
Ye I sayd and swet full ryght sore
Tyll ye newe strength dyd me restore

This batayll was grete & longe endured
Whiche caused me to be ryght wery
But sappence with her wordes me mured
With walles of comfort makynge me mery
Come on she sayd and walke on lyghtly
Unto the castell that we come fro
I answered to her I wolde do so

Than forth we went a grete pace
Tyll that we came to the castell syde
There mette vs ladyes with grete solace
And welcomed vs at the same tyde
So fayre a sort in the worlde so wyde
May not be founde by no maner of reason
As I sawe there at the same season

The fyrste lady that dyd vs mete
Iclyped was dame perseueraunce
Whiche to me sayd with wordes swete
Blessyd be god of your good gouernaunce
That hath kept you from the incomberaunce
Of the serpent with the heedes thre
And caused you vyctor of hym to be

Welcome he sayd ryght noble knyght
How haue ye done sythens your departynge
Haue ye scomfyted with your myght
The merueylous dragon so gretly stynkynge
Ye I sayd with the power shynynge
Of my maystresse good dame sappence
I dyd hym vaynquysshe by her experyence

Wher is dame Sappence than sayd he
And eke her syster dame dyscrecyon
Syr I sayd they are comen with me
And they haue had me in iurisdyccyon
Syns my departynge without destruccyon
Than spake dame sappence by her faculte
Unto that myghty lordes mageste

Saynge this knyght than cleped vertue
Hath loued your doughter by longe contynuaūce
With stable loue so faythfull and true
And for her sake hath put to vteraunce
The thre heeded dragon by wyse puruyaunce
Wherfore me thynke he ought to mary
Your doughter Clennes that noble lady

The kynge sayd me thynke the same
If that my doughter wyll agre
And she do not she mothers to blame
Consyderynge his wysedome & grete beaute
Come hyder he sayd my doughter fre
To be wyfe to vertue wyll ye consent
Ye fader she sayd with hole entent

Than he called vnto his pzesence
Perseueraunce charyte and fydelyte
With lowlynes pzayer and intellygence
Shewynge vnto theym the certeynte
How clennes his doughter wedded shall be
Unto me now vertu in all godely hast
Byfoze that thze dayes be ryght fully past

He called me than to his magnyfycence
Byddynge me go to bed and to rest
In the chaumbze of clene conscyence
Than so to do J thought it the best
Foz phebus was tourned into the west
So sappence and J went fozthe to bed
Foz lake of rest oppzessed was my hed

A lytyll welp within this chaumbze was
That lay wakynge and barked alway
That no man in to it sholde passe
That wolde with conscyence make a fray
J dyd slepe there tyll that it was day
Than vp J rose and made me redy
Callynge vnto me dame sappence shoztely

Saynge vnto her o lady and maystres
O comfortable salue vnto euery soze
O fontayne of welth and carbuncle of clernes
Without ye helpe me J am fozloze
Wherfoze J shewe you as now befoze
Without J mary fayre dame clennes
J shall endure in moztall heuynes

gg .i.

Therof sayd she be no thynge adꝛed
Foꝛ ye shall mary here ryght soone
By me your mater shall be well sped
And the same daye it shall be doone
Aboute the houre truely of noone
And there shall be at your good dyner
Charyte fayth penaunce and pꝛayer

Dame sappence led me into a gardeyn
Where Clennes was amonge floures swete
Her to repayre without dysdeyn
As I to her wente she dyd me mete
Bꝛyngynge me a floure called the margarete
Whiche is a floure ryght swete and pꝛecyous
Indued with beaute and moche vertuous

This floure I kyst often ryght swetely
Settynge it nere vnto my hert
Dame Clennes loked vpon me louely
Saynge that I sholde not depert
Tyll she had shewed me a grete couert
So with her I wente without delay
Where byrdes sate on many a spꝛay

By this tyme phebus had begon
His ascencyall cours in grete bꝛyghtnes
In to the sygne of the fierous lyon
Exylynge the fenerous frosty coldnes
And depꝛyuynge the noꝛpall derkenes
And also setherus his fragraunt bꝛeth
Dystylled had vpon euery heth

Than to her I sayd my lady dere
Beholde this weder so clere and fayre
How royall walkynge that it is here
Lyke a place of pleasure you to repayre
Amonge the floures so swete of ayre
An other she had as she me tolde
Bryghter than phebus a thousande folde

This is a place of recreacyon
My mynde to comfort after study
In welth pleasure and delectacyon
For yf I sholde my selfe applye
Euer to pray to god an hye
Without this place I may not be sure
An other tyme in prayer to endure

But the other gardyn is celestyall
That longeth to vs by enherytaunce
And is entayled to vs in generall
For our clene lyfe & vertuous gouernaūce
Who that vs loueth without doubtaūce
With vs shall go to eternall glory
In short space or elles to purgatory

Than forth we went to her fader royall
Whiche welcomed vs by grete humylyte
Saynge my doughter dere and specyall
Ye shall this daye by grete solempnyte
Be wedded to vertue with benygnyte
We kneled downe and thanked his grace
And than forth we went to an other place
                    gg .ii.

IN to a chapell gayly gloryfyed
⎿ And also hanged with cloth of tyssue
A place it was ryght gretly depyfed
The roof was set with stones of vertue
As with rubyes and emeraudes bryght of hue
The rood loft was yuery garnysshed with gold
Set with dyamoundes ryght many a fold

Ther I dyd se the arke of god
With many sayntes that suffred martyrdom
And also I sawe there Moyses rod
And saynt Iustyn that brought crystendom
Into englonde by his grete wysedom
And the xii. apostles that fast gan wryte
Of our byleue and eke dyd endyte

There was saynt peter the noble pope
That dyd stande on the ryght syde
Of the hyghe auter in a ryche cope
Dame clennes and I dyd there abyde
And vp there came than at that tyde
Dame prayer with her syster charyte
And eke dame penytence with humylyte

Than came dame fayth anone to vs
With ryghtwysenes peas and dame mercy
With dame contrycyon gay and gloryous
Whyche after theym dyd not longe tary
And than came bede and eke saynt gregory
With saynt ambrose the noble doctour
Whyche of our fayth was good protectour

Than came the kynge of feruent loue
Led with argos in goodely wyse
Without whome he myght not remoue
From his sete by ryght prudent gyse
Who loueth argos wyll not deuyse
Nor yet begynne no maner of thynge
Without in his mynde he se good endynge

Also saynt Jerome the noble cardynall
Came vp to vs by humble reuerence
Whiche euermoze was a good doctrynall
Pzechynge to vs by vertuous influence
With exhoztacyon of dyuyne complacence
And than foure byſſhoppes in grete dygnyte
Ryght connynge cernynge vnto the depte

On hym wayted by grete dylygence
And neuer dyd forſake his company
But hym obeyed by good experyence
And from his cōmaundement dyd not vary
But in the chapell they dyd there tary
And than saynt Jerome wente to the kynge
Of feruent loue vnto hym saynge

O ampable kynge ſeaſour of debate
O ioyner of vertue and well of vnyte
O royall emperour o ſoueraype eſtate
O meſſenger of feruent amyte
O feruent dart of cozdyall pzyupte
Here is your doughter fayre dame clennes
That muſt be maryed with good ryghtwyſenes

Unto vertue the louely knyght
Whiche the batayle now hath won
By dame ſappence helpe and myght
Of the foule thze heeded dzagon
This maryage by me ſhail be don
Go ye now ſtreyght into your tabernacle
Whiche is to you mooſt pzopze habytacle

Than the souerayne kynge to hym dyd call
Dame fayth dyscrecyon and dame sappence
With dame contrycyon & charyte withall
And eke dame mercy and dame penytence
Unto theym saynge ye haue intellygence
That this daye clennes my doughter dere
Shall be maryed to vertue that ye se here

Than they dyde all come vnto me
With dame peas and dame grace
And after theym came dame virgynyte
Whiche in her armes dyd me enbrace
Saynge that I was to her grete solace
Gyuynge me vnto my good maryage
A gowne of syluer for grete aparage

She gafe an other of the same
Unto dame clennes puttynge it one
Upon her back withouten blame
After whiche Clennes wente anone
Unto her fader her selfe alone
And I with saynt Jerome dyd there tary
To wed dame Clennes that noble lady

And all the ladyes with meke contenence
Stode on a rewe besyde the closette
Of Clennes fader without resystence
Whiche hanged was gayly with blue beluet
And with perles & rubyes rychely set
Than forth came Clennes with two angels led
Whiche theyr golden wynges abrode dyd spred

Dame grace after her bare vp her trayn
And.xv.ladyes her dyd ensue
Fyrst went dame humylyte certayn
And after her than dyd pursue
Dame fayth in stablenes so true
Ledynge with her the fayre dame pease
That welth and ryches doth well encrease

Than went dame reason with perseueraūce
And than dame mercy with contricyon
And than exercyce with remembraunce
After whome went dame restytucyon
With dame prayer and dame confessyon
And dame charyte with obedyence
And after theym came fayre dame abstynence

Saynt Jerome dyd make there coniunccyon
Of dame Clennes and me in matrimonye
With heuenly wordes and vertuous fassyon
And aungels came downe from heuen hye
As saynt Mychell with gabryell ⁊ the gerachye
To helpe saynt peter the masse to synge
The organs went and the bellys dyd rynge

My penne for feblenes may not now wryte
Nor my tonge for domnes may not expresse
Nor my mynde for neglygence may not endyte
Of the aungelycall Joye and swete gladnesse
That I sawe there without heuynesse
And whan this weddynge holy was fynysshed
The aungels than to heuen banysshed

Than downe I went in to the hall
Where ordeyned was by grete solempnyte
A dyner of vertue moost celestyall
To whiche came my wyf full of benygnyte
On the one syde led by good auctoryte
With saynt Edmond the noble kynge
And martyr whiche dyd her downe brynge

And she was led on the other syde
With saynt Edward the kynge and confessour
And so bytwene theym wente this bryde
To whom all the ladyes made grete honour
As alway seruynge her without errour
And a lytell whyle anone after her
Ergos brought downe her noble fader

The kynge of loue than sat hym downe
At the table for that tyme to ette
Caulynge dame Clennes for her renowne
On his one syde than for to be sette
And I on the other without ony lette
And besyde me sapyence and dyscrecyon
And than by theym sat dame contrycyon

Than sate saynt Edwarde with vyrgynyte
And afore hym sate dame obedyence
Saynt Edmond and dame charyte
And than dame prayer with dame abstynence
And than dame fayth shynynge in excellence
With saynt Jerome and saynt Austeyn
And than saynt gregory without dysdeyn

There was two auṅgels holdynge fast
The table cloth at euery ende
Knelynge downe humbly and stedfast
Whose seruyce no man coude amende
Other there were that dyd entende
Us for to serue with theyr grete dylygence
That in theym founde coude be no neglygence

There dyd saynt Peter by grete holynes
Serue vs of our swete lordes body
Fyrst he serued the fader of clennes
And after that he serued her shortly
With charyte fayth and dame mercy
And J with dyscrecyon and dame sappence
Of saynt Peter was serued with grete indulgence

So dame obedyence with contrycyon
With saynt Edwarde and virgynyte
In lykewyse were serued without corrupcyon
And saynt Edmond with dame charyte
And saynt Jerome with dame humylyte
With saynt austyn and saynt gregory
What nede J lenger of theym specyfy

This was a fest moost swete and precyous
To fede the soule with dyuyne comfort
This was a mete moost dere and gloryous
That causeth all man for to resorte
To sempyternall lyfe and comforte
Than saynt ambrose beynge dyuyne
After our mete gafe vs good wyne

By this tyme was J.lr.yere olde
And defyred for to lyue in peace
For J began to growe two folde
And my feblenes dyde fore encreace
For nature her ftrength than dyd feace
Wherfore after this ghooftly feft
J thought with my wyfe to abyde in reft

And J to her fayd with louynge chere
O my fwete fpoufe mooft fayre and beauteous
To me euer ryght leyfe and dere
Where is your lande that is folacyous
Ye shewyd me of your gardeyn gloryous
Unto whiche now fayne wolde J go
There for to dwell and you alfo

Syr she fayd the aungell raphaell
Shall with thefe martyrs ᚨ noble confeffours
Brynge you thyder with theym to dwell
Where ye shall fee all your progenytours
With many fayntes and gloryous auctours
This lande is heuen that to vs longeth
As our euydence the gofpell telleth

Than came my fader in lawe to vs
Saynge by ryght J dyd combynd
Clennes my doughter with bertue precyous
And you muft J loue by naturell kynde
For on you now is all my mynde
Aforehym J kyft my wyfe mooft fwetely
For we loued to gyder hote and truely

Than came my good aungell to me
Caulynge me with hym for to go
With clennes my wyfe wher I dyd fe
The paynes of hell full of grete wo
There was the dragon that I dyd flo
Bounde with chaynes in fyer infynall
With the feuen dedely fynnes in generall

Than my good aungell to me fayd
If ye had loued dame fenfualpte
The whiche with you dyd make a brayde
Ye had ben dampned by ryght and equpte
In to this pytte full of all iniqupte
Wherfore thanke god that fent you wyfedome
Suche dedely perylles for to ouercome

Alfo the lady with the cup of golde
Is here condempned for her grete pryde
In endeles payne both hote and colde
Where in for fynne fhe fhall abyde
This is a dongeon longe and wyde
Made for theym that do fynne dedely
And of cryft Ihefu wyll axe no mercy

This is a place full of all derkenes
Wherin be ferpentes foull and odyous
This is a place of mortall heuynes
Where I fawe deuyles blacke and tedyous
Dampned foules turmented with hokes rygorous
This is the vppermooft parte of hell
In whiche paynyms dampned do dwell

For as moche as they lacked instruccyon
For to beleue in god omnypotent
They haue deserued the lesse correccyon
Yet theyr payne haue none extinguysshement
For they are dampned by true sentyment
For theyr byleue and fals idolatry
That made theyr goddes of mars & mercury

Than went we downe to another vaute
Where Jewes lay in grete paynes stronge
Whome deuylles tourmented by grete assaute
Drawynge theym with hokes a longe
For theyr opynyon so fals and wronge
Whiche byleued not in the natyuyte
Of Jhesu cryst and the vyrgyn Mare

Nor yet that he dyd suffre passyon
Bothe for theym and all mankynde
Nother yet of his resurreccyon
In theyr byleue they are so blynde
Yet as in bokes wryten we do fynde
That they haue ben taught many a tyme
For to forsake theyr owne fals cryme

Than went we downe to a depper vale
Where crysten soules dyd weppe & crye
In grete sorowe payne and bale
Brennynge in fyer moost hote and drye
And some in Ice ryght depe dyd lye
For to expresse it is impossyble
The paynes there they are so horryble

ghy .i.

These crysten men knowe goddes lawe
And euery daye had infozmacyon
From deuelysshe werkes theym to withdzawe
That they sholde not fall in dampnacyon
Yet wyll they not make sequestracyon
Of goddes comaundement but syn deedly
Therfoze here are they dampncd ryght wysey

And thou haddest set thy delectacyon
In flesshely pleasure and vayne glozy
Thou haddest ben here without saluacyon
Without thou of god had ated mercy
Who that it ateth shall haue it truely
Yf he be contryt and do repent
That he his lyfe in yll hath spent

This place sythens it is moost heuy
Moost derke and moost ferre from lyghtnes
As philosophers afferme by astronomy
Is in the myddes of the erthe doutles
That is a place of dyssolate derkenes
Wherfoze by reason it must nedes be sette
In the myddes of the erthe both longe & grette
Capitulum. xiiii
My good aungell by his grete bertue
Shewed me all this in a shozte space
And after hym I dyd than pursue
With my wyfe vnto the fayre place
That we came fro full of all solace
Where was my fader in the company
Of many sayntes that dyd there tary

My wyfe and me than for to brynge
To the place of eternall glory
With heuenly tewnes swetely syngynge
That theym to here it was grete melody
More than ony tonge can specyfy
This was theyr songe so swete and gloryous
That they dyd synge with voyce so bertuous

O celestyall kynge one two and thre
All people prayse the god and lorde
Whiche art in heuen o noble trynyte
Whose royall power and miserycorde
Confermed is by thyn hye accorde
On vs with trouth for to endure
Withouten ende as we are sure

Glory be to the fader almyghty
And to the sone and to the holy ghoost
Thre persones and one god truely
Whose power neuer can be loost
For he is lorde of myghtes moost
And so hath ben without begynnynge
And euer shall be without endynge

Whan we were in the ayre of asure
There dyd vs mete the noble Jerarchy
As Cherubyn and Seraphyn so pure
With other aungels in theyr company
That dyd proclayme & synge on hye
With voyce insacyat moost melodyous
To god aboue Sanctus sanctus sanctus

hh .iii.

There dyd I se the planettes seuen
Moue in ordre by alteracyon
To merueylous for me to neuen
For they ceassed not theyr operacyon
Some assended some made declynacyon
Entrynge theyr houses of the.xii.sygnes
Some indyrectly and some by dyrecte lynes

To heuen we styed a place moost gloryous
Where that we dyd beholde the depte
With insaciable contenaunce moost desyrous
And truely than the more that we
Dyd loke vpon his souerayne beaute
The more our delyre dyd encreace
This is a Joye that shall not seace

This is a regyon moost full of swetnes
This is a realme of delectacyon
This is a lande of infenyte gladnes
Without ony stormy tribulacyon
This place is of eterne saluacyon
Where aungels and sayntes for theyr solace
Euermore do loke on goddes face

What sholde I wryte thynges of dyuynyte
Or endyght of suche maters hye
Sythen it no thynge longeth to my faculte
Therfore of it I wyll not lenger tarye
For fere that I in it sholde varye
And by cause that trouth shall be my mede
I wyll now leue and take me to my crede

So vertue and clennes by good ryght
Truely in maryage ioyned must be
For they loue to gyder with all theyr myght
Without dyscencyon or duplycyte
And they both are alway in vnyte
To whome heuen by tayll generall
Entayled is by a dede memoryall

Now are they to gyder to heuen gone
There for to dwell in Joye eternall
Where that there is the heuenly trone
Of our sauyour Jhesu deere & specyall
Who that hym loueth truely ouer all
Ledynge his lyfe with vertue and clennes
Shall come vnto the glory endeles

But in the fynysshynge of my mater
To god the maker of all thynge
Deuoutely now J make my prayer
To saufe kynge Henry our ryghtfull kynge
From all treason and dolefull mornynge
And for to maynteyn the grete honour
Of this swete rede rose so fayre a colour

This floure was kepte ryght longe in close
Amonge the leuys holsom and sote
And regally sprange and arose
Out of the noble stoke and rote
Of the rede rose tre to be our bote
After our bale sente by grete grace
On vs to reygne by ryght longe space

hh iii.

O lorde god what Joye was this
Unto his moder so good and gracyous
Whan that she sawe her sone J wys
Of his ennemys to be so vyctoryous
Jt caused her to be moost Joyous
And yet there of no wonder why
For he was ryght longe from her truely

A Joyfull metynge than bytwene
The moder and the sone so dere
A daye of gladnes bryght and shene
Fressher than phebus myddaye spere
Whan her sone to vs dyd appere
He dyd vs lyght with his pure bemys
Quenchynge of mars the fyrous lemys

O heuenly kynge o eternall emperoure
O thre persons and one god equall
J praye the to kepe from all doloure
This moder with her sone in specyall
With all theyr noble buddes in generall
And laude be to the that dyd enhaunce
Hym to his ryght and propre herytaunce

The whyte rose that w tempestes troublous
Aualed was and eke blowen asyde
The reed rose fortyfyed and made delycyous
Jt pleased god for hym so to proupde
That his redolent buddes shall not slyde
But euer encrease and be vyctoryous
Of fatall brerys whiche be contraryous

Thus god by grace dyd well combyne
The rede rose and the whyte in maryage
Beynge oned ryght clere doth shyne
In all clennes and vertuous courage
Of whose ryght and royall lynage
Prynce Henry is spronge our kynge to be
After his fader by ryght good equyte

O noble prynce Henry our seconde treasure
Surmontynge in vertue & myrour of beaute
O geme of gentylnes & lanterne of plasure
O rubycound blossome and sterre of humylyte
O famous bud full of benygnyte
I pray to god well for to encrease
Your hyghe estate in rest and pease

O thoughfull hert for lack of connynge
Now layde to slepe this longe wynters nyght
Ryse vp agayne loke on the shynynge
Of fayre lucyna clere and bryght
Beholde eke mercury with his fayre lyght
Castynge adoune his stremys mery
It may well glad thyn emyspery

O gower fountayne moost aromatyke
I the now lake for to depure
My rudnes with thy lusty retoryke
And also I myս as I am sure
My mayster Chaucers to take the cure
Of my penne for he was expert
In eloquent termes subtyll and couert

Where is now lydgate flourynge in sentence
That sholo my mynde forge to endyte
After the termes of famous eloquence
And strength my penne well for to wryte
With maters fresshe of pure delyte
They can not helpe me there is no remedy
But for to praye to god almyghty

For to dystyll the dewe of influence
Upon my brayn so dull and rude
And to enlumyn me with his sappence
That I my rudnes may exclude
And in my mater well to conclude
Unto thy pleasure and to the reders all
To whome I excuse me now in generall
Explicit exemplum virtutis

The cōforte of louers

The comforte of louers made and compyled by Ste=
uen Hawes somtyme grome of the honourable cham=
re of our late souerayne lorde kynge Henry ꝑ seuenth
whose soule god pardon). In the seconde yere of the
:eygne of our most naturall souerayne lorde kȳge Hen
y the eyght.

¶The prohemye.

He gentyll poetes/vnder cloudy fygures
Do touche a trouth/and cloketit subtylly
Harde is to construe poetycall scryptures
They are so fayned/& made setecyously
For som do wryte of loue by fables pryue
Some do endyte/vpon good moralyte   (iy
Of chyualrous actes/done in antyqurte

Whose fables and storyes ben pastymes pleasaunt
To lordes and ladyes/as is theyr lykynge
Dyuers to moralyte/ben oft attendaunt
And many delyte to rede of louynge
Youth loueth aduenture/pleasure and lykynge
Aege foloweth polycy/sadnesse and prudence
Thus they do dyffre/eche in experyence

I lytell or nought/experte in this scyence
Compyle suche bokes/to deuoyde ydlenes
Besechynge the reders/with all my delygence
Where as I offende/for to correct doubtles
Submyttynge me to theyr grete gentylnes
As none hystoryagraffe/nor poete laureate
But gladly wolde folowe/the makynge of Lydgate

Fyrst noble Gower/moralytees dyde endyte
And after hym Chaucers/grete bokes delectable
Lyke a good phylozophr/meruaylously dyde wryte
After them Lydgate/the monke commendable
Made many wonderfull bokes moche profytable
But syth the are deed/& theyr bodyes layde in chest
I pray to god to gyue theyr soules good rest
¶Finis prohemii.

WHan fayre was phebus/w his bemes bryght
Amyddes of gemyny/aloft the fyrmament
Without blacke cloudes/castynge his pured lyght
With sorowe opprest/and grete incombrement
Remembrynge well/my lady excellent
Saynge o fortune helpe me to preuayle
For thou knowest all my paynfull trauayle

I went than musynge/in a medowe grene
Myselfe alone/amonge the floures in dede
With god aboue/the futertens is sene
To god I sayd/thou mayst my mater spede
And me rewarde/accordynge to my mede
Thou knowest the trouthe/I am to the true
whan that thou lyst/thou mayst them all subdue

who dyde preserue the yonge edyppus
whiche sholde haue be slayne by calculacyon
To deuoyde grete thynges/the story sheweth vs
That were to come/by true reuelacyon
Takynge after theyr hole operacyon
In this edyppus/accordynge to affecte
Theyr cursed calkynge/holly to abiecte

who dyde preserue/Jonas and moyses
who dyde preserue yet many other mo
As the byble maketh mencyon doubles
who dyde kepe Charles frome his euyll fo
who was he/that euer coude do so
But god alone/than in lykewyse maye he
Kepe me full sure/frome all inyquyte
    The con. of lo.   A.ii.

Thus as I called to my remembraunce
Suche trewe examples / I tenderly dyde wepe
Remembrynge well / goddes hyghe ordynaūce
Syghynge full oft / with inwarde teres depe
Tyll at the last / I fell in to a slepe
And in this slepe / me thought I dyde repayre
My selfe alone / in to a garden fayre

This goodly gardyn / I dyde well beholde
where I sawe a place / ryght gaye and gloryous
with golden turrettes / paynted many afolde
Lyke a place of pleasure moste solacyous
The wyndowes glased / with crystall precyous
The golden fanes / with wynde and melody
By dulcet sounde / and meruaylous armony

The knottes flagraunt / with aromatyke odoure
with goodly sprynges / of meruaylous mountaynes
I dyde than tast / the redolent lycoure
Moost clere and swete / of the goodly baynes
whiche dyde me ease / somwhat of my paynes
Tyll to me came / a lady of goodly age
Apareyled sadly / and demure of bysage

To me she sayd / me thynke ye are not well
ye haue caught colde / and do lyue in care
Tell me your mynde / now shortly euerydele
To layne the trouthe / I charge you to beware
I shall for you / a remedy prepare
Dyspeyre you not / for no thynge that is past
Tell me your mynde / and be nought agast

Alas madame/vnto her than I sayd
It is no wonder/of myne inwarde payne
yf that my herte be meruayllously dysmayde
My trouthe and loue/therof is cause certayne
Dyuers yeres ago/I dyde in mynde retayne
A lady yonge/a lady fayre of syght
Good//wyse/and goodly/an holsome sterre of lyght

I durst not speke vnto her of my loue
yet vnder coloure I dyuers bokes dyde make
Full pryuely/to come to my aboue
Thus many nyghtes/I watched for her sake
To her and to hers/my trouthe well to take
Without ony spotte/of ony maner yll
God knoweth all myn herte/my mynde & my wyll

The hygh dame nature/by her grete myght & power
Man/beest/and foule/in euery degre
Fro whens they came at euery maner houre
Dooth trye the trouthe/without duplycyte
For euery thynge must shewe the properte
Gentyll vngentyll/dame nature so well tryet
That all persones it openly espyeth

The lorde and knyght/delyteth for to here
Cronycles and storyes/of noble chyualry
The gentyll man gentylnes / for his passe tyme clere
The man of lawe/to here lawe truely
The yeman delyteth to talke of yomanry
The ploman his londe for to ere and lowe
Thus nature werketh/in hye degre and lowe
  The con. of lo.   A.iii.

For yf there were one of the gentyll blode
Conuayde to yomanry for nourysshement
Dyscrecyon comen he sholde chaunge his mode
Though he knewe not/his parentes berament
Yet nature wolde werke/so by entendyment
That he sholde folowe/the condycyons doubtles
Of his true blode/by outwarde gentylnes

In all this worlde/ben but thynges twayne
As loue and hate/the trouth for to tell
And yf I sholde hate my lady certayne
Than worthy I were/to dye of deth cruell
Seynge all ladyes/that she doth excell
In beaute/grace/prudence and mekenes
What man on lyue/can more in one expres

Yf she with me sholde take dyspleasure
Whiche loueth her by honoures desyre
What sholde she do/with suech a creature
That hateth her/by inwarde fraude and yre
I yet a louer/do not so atyre
My fayth and hope/I put in her grace
Releace to graunt me/by good tyme and space

Thretened with sorowe/of may paynes grete
Thre yeres ago my ryght hande I dyde bynde
Fro my browes for fere/ý dropes doune dyde sweet
God knoweth all it was nothynge my mynde
Unto no persone/I durst my her to vntwynde
Yet the trouthe knowynge/the good gretest ý
Maye me releace/of all my/p/p/p/thre

Now ryght fayre lady / so sadde and demure
My mynde ye knowe / in every maner thynge
I trust for trouthe / ye wyll not me dyscure
Sythes I haue shewed you without lesynge
At your requeste / the cause of my mournynge
Whiche abyde in sorowe / in my remembraunce
Without good conforte / saufe of esperaunce

Fayre sone sayd she / sythens I knowe your thought
Your worde and dede / and here to be one
Dyspayre you not / for it avayleth nought
Ioye cometh after / whan the payne is gone
Conforte yourselfe / and muse not so alone
Doubt ye no thynge / but god wyll so agre
That at the laste / ye shall your lady se

Be alwaye meke / let wysdome be your guyde
Aduenture for honoure / and put your selfe in preace
Clymbe not to faste / lest sodenly ye slyde
Lets god werke styll / he wyll your mynde encrece
Begynne no warre / be gladde to kepe the peace
Prepence no thynge / agaynst the honoure
Of ony lady / by fraudolent fauoure

Alas madame / vnto her than sayd I
Aboue. xx. woulues / dyde me touse and rent
Not longe agone / delynge mooste shamefully
That by theyr tuggynge / my lyfe was nere spent
I dyde perceyue / somwhat of theyr entente
As the trouthe is knowen / vnto god aboue
My ladyes fader they dyde lytell loue

Seynge theyr fallhode/and theyr subtylte
For fere of deth/where as I loued best
I dyde dysprayse/to knowe theyr cruelte
Somwhat to wysdome/accordynge to behest
Though that my body had but lytell rest
My herte was trewe vnto my ladyes blood
For all theyr dedes I thought no thynge but good

Some had wende the hous for to swepe
Nought was theyr besom/I holde it set on fyre
The inwarde wo in to my herte dyde crepe
To god aboue/I made my hole desyre
Saynge o good lorde of heuenly empyre
Let the mouut with all braunches swete
Entyerly growe/god gyue vs grace to mete

Soma had wened for to haue made an ende
Of my bokes/before he hadde begynnynge
But all vayne they dyde so comprehende
Whan they of them lacke vnderstandynge
Vaynfull was & is theyr mysse contryuynge
Who lyst the trouthe of them for to ensule
For the reed and whyte they wryte full true

Well sayd this lady I haue perceueraunce
Of our bokes/whiche that ye endyte
So as ye saye is all the cyrcumstaunce
Unto the hyghe pleasure of the reed and the whyte
Which hath your trouth/and wyll you acquyte
Doubte ye no thynge/but at the last ye maye
Of your true mynde yet fynde a Joyfull daye

Forsothe I sayd/dysdayne and straungenesse
I fere them sore/and fals reporte
I wolde they were/in warde all doutles
Lyke as I was/without conforte
Than wolde I thynke/my lady wolde resorte
Unto dame mercy/my payne to consyder
God knoweth all/I wolde we were togyder

Though in meane season/of grene grasse I fede
It wolde not greue me / yf she knewe my heuynesse
My trauayle is grete/I praye god be my spede
To respste the myght/of myn enmyes subtylnesse
Whiche awayte to take/me by theyr doubtenesse
My wysdome is lytel/yet god may graunt me grace
Them to defende/in euery maner of cace

Lerne this she sayd/yf that you can by wytte
Of foes make frendes/they wyll be to you sure
Yf that theyr frendshyp/be vnto you knytte
It is oft stedfast/and wyll longe endure
Yf alwaye malyce/they wyll put in bre
No doubte it is/than god so hyght and stronge
Ful meruaylously/wyl soone reuenge theyr wronge

And now she sayd come on your waye with me
Unto a goodly toure whiche is solacyous
Beholde it yonder/full of felycyte
Quadrant it was/ me thought full meruaylous
With golden turrettes/gaye and gloryous
Gargayled with greyhoundes/and with many lyons
Made of fyne golde/with dyuers sondry dragons

The wyndowes byzall/without resplendysshaunt
The fayze yuery/coloured with grene
And all aboute.theze was dependaunt
Grete gargeyles of golde / full meruayloully besene
Neuer was made/a fayzer place I wene
The ryght excellent lady toke her intresse
Ryght so dyde I/by meruaylous swetnesse

whan we came in/I dyde aboute beholde
The goodly temple/with pynacles vp sette
wherin were ymages/of kynges all of golde
with dyuers scryptiures/without ony lette
Aloft the roofe/were emeraudes full grette
Set in fyne golde/with ampable rudyes
Endented with dyamondes/and mayn turkyes

The wyndowes hystozied/with many noble kynges
The pyllers Jasper/dyuersed with asure
By pendaunt penacles/of many noble rynges
The pauement calcedony/beynge fayze and sure
The aras golde/with the stozy pure
Of the syche of thebes/with actes auenturous
Of ryght noble knyghtes/hardy and chyualrous

Than sayd this lady/I must now go hence
Passe ye tyme here/accozdynge to your lykynge
It maye foztune/your lady of excellence
wyll passe her tyme here/soone by walkynge
Than maye she se/your dolefull mournynge
And fare ye well/I maye no lenger tary
Marke well my lesson/and from it do not vary

whan fhe was gone/the temple all alonge
I went my felfe/with fyghtes grete and feruent
Alas I fayd/with inwarde paynes ftronge
My herte doth blede/now all to torne and rent
For lacke of conforte/my herte is almoft fpent
O meruelous fortune/whiche haft i loue me brought
where is my conforte/that I fo longe haue fought

O wonderfull loue/whiche fell vnto my lotte
O loue ryght clene/without ony thought vntrue
Syth thy fyrft louynge/not blemyffed with fpotte
But euermore/the falfefhede to extue
O dolorous payne/whiche dofte renue
O pyteous herte/where is the helthe and boote
Of thy lady/that perft the at the roote

what thynge is loue/that caufeth fuche turment
From whens cometh it/me thynke it is good queftyō
Yf it be nature/from nature it is fent
Loue maye come of kynde by true affeccyon
Loue may appetyte/by natururall eleccyon
Than muft loue nedes be/I perceyue it in mynde
A thynge fyrft gyuen/by the god of kynde

Alas o nature/why mayft not thou truely
Caufe my lady loue/as thou haft me conftrayned
Hath fhe power to dompre the vtterly
why mayft not thou / caufe her of fomwhat payned
with natures mouynge/for loue is not fayned
Alas for forowe/why madeft thou her fo fayre
without to loue/that fhe lyft foone repayre

Two thynges me conforte/euer in pryncypall
The fyrst bebokes/made in antyquyte
By Gower and Chauncers/poetes rethorycall
And Lydgate eke/by good auctoryte
Makynge mencyon/of the felycyte
Of my lady and me/by dame fortunes chaunce
To mete togyders/by wonderull ordynaunce

The seconde is/where fortune dooth me brynge
In many placys/I se by prophecy
As in the storyes/of the olde buyldynge
Letters for my lady/depeynted wonderly
And letters for me/besyde her meruayllously
Agreynge well/vnto my bokes all
In dyuers placys/I se it in generall

O loue moost dere/o loue nere to my harte
O gentyll floure/I wolde you knewe my wo
How that your beaute/perst me with the darte
With your vertue/and your mekenes also
Sythens ye so dyde/it is ryght longe ago
My herte doth se you/it is for you bebledde
Myne eyen with teeres/ben often made full redde

Where are ye now/the floure of Ioye and grace
Whiche myght me conforte/in this inwarde sorowe
Myne excellent lady/it is a ryght pyteous case
Good be my guyde/and saynt George vnto borowe
O clere Aurora/the sterre of the morowe
Whiche many yeres/with thy bemes mery
Hath me awaked/to se thyne emyspery

...yus as I mourned/I sawe than appere
Thre goodly myrours dependaunt on the wall
Set in fyne golde bordred with stones clere
The glasses pure/they were of cryſtall
Made longe ago'to be memoryall
And vnder the fyrſt glaſſe ryght fayre wryten was
Beholde thy selfe/and thy fautes or thou paſſe

By a sylken'threde/small as ony heere
Ouer I sawe hange/a swerde full ponderous
Without a scauberde/full sharpe for to fere
The poynt dounwarde/ryght harde and asperous
All this I sawe/with hert full dolorous
Yet at auenture/to se the myſtery
In the myroure/I loked than full sodenly

In this glaſſe I sawe/how I had ledde my lyfe
Sythens the tyme of my dyscrecyon
As vnto wyldneſſe/alwaye affyrmatyfe
Folowynge the pleasure/of wylfull amonycyon
Not vnto vertue hauynge intencyon
Theſu sayd I/thou haſt me well preserued
From this swerdes fall/whiche I haue oft deserued

O ye eſtates/aloft on fortunes whele
Remembre this swerde/whiche ouer you dependeth
Beware the fall/before that ye it fele
Se your one euyll/se what vengeaunce ensueth
Correcte none other/whan that your fautes renueth
Talke not not goddes power/bryef not þ tens future
Beholde this glaſſe/se how he may endure
      The con.of lo.   B.i.

Many one welleth / the tature lens to prve

By calculacyon goddes power to withstande

Bathynge theyr swerdes / in blode by myschefe

Tyll at the last as I do vnderstande

This swerde doth fal by the myght of goddes hande

Upon them all / whiche wolde his power abate

Than they repent but than it is to late

This goodly myrour / I ryght well behelde

Remembrynge well / my dedes done in tymes past

I toke for wytte / than for to be my shelde

By grace well armed / not to be agast

Thus as I stode / I dyde se at the last

The seconde myrour / as bryght as phebus

Set rounde about / with stones precyous

Ouer whiche dyde hãge / a foure of golde ryght fyne

Wherin was set / an emeraude full bryght

Ryght large and grete / whiche wõderfull dyde shyne

That me thought it was / grete conforte to my syght

Bordred w dyamondes / castyge a metuaplo⁹ lyght

This floure dyde hange / by a ryght subtyll gynne

With a chayne of yron / and many a pryue pynne

Besyde whiche there was / a table of golde

With a goodly scrypture / enameled of grene

The sentence wherof / I dyde well beholde

The whiche sayd thus / it is openly sene

That many a one / full pryuely dooth wene

To blynde an other / by crafte and subtylnes

That ofte blyndeth hym / for all his doublenes

In this myrrour whiche is here besyde
Thou shalt well lerne/thy selfe for to knowe
Passe forth no ferder/but loke and abyde
Se what shall come/lest that thou ouer throwe
A sodayne rysynge dooth oft fall alowe
without the grounde/be ryghe sure and perfyte
Beholde well this glasse/& take thy respyte

whan thou hast so done/to this floure resorte
Laboure to gete it/from this harde yren chayne
Unto the gynnes/vnto thy grete conforte
yf that thou canst/and take it for thy payne
To be thy helpe/in thy Journaye certayne
Lo here the vertues vnder wryten be
Of this ryall floure in euery degre

This ryche emeraude/who so dooth it bere
From his fyrst werynge/his syght shal not mynysshe
Payne of the heed he nedeth not to fere
By dynt of swerde/he shall neuer perysshe
Ne no thynge begyn/but he shall well fynysshe
yf it be ryghtfull aftyr a true entent
without resystence of grete impedyment

Of all nygromancy/and fals enchauntement
Agaynst hym wrought/he shall knowe the effecte
They can not blynde hym by cursed sentement
But he theyr werkes may tyght soone abiecte
No maner poyson he nedeth to suspecte
Neyther in mete not yet in ale ne wyne
yf it beset well besyde a serpentyne
        The con.of lo.   B.ii.

Yf he vntrue be vnto his gentyll lady
It wyll breke asondre/or crase than doubtlesse
It kepeth close/neuer the auoutry
This gentyll emeraude/this stone of rychesse
Hath many mo vertues/whiche I do not expresse
As saynt Johan euangelyst doeth shewe openly
Who of his makynge lyst se the lapydary

Whan I had aduerted/in my remembraunce
All the maters/vnto the glasse I wente
Beholdynge it/by a longe cyrcumstaunce
Where as I dyde perceyue well verament
How preuy malyce/his messengers had sent
With subtyll engynes/to lye in a wayte
Yf that they coude take me with a bayte

I sawe there trappes/I sawe theyr gynnes all
I thanked god than/the swete holy goost
Whiche brought me hyder so well in specyall
Without whiche rygour/I had ben but loost
In god aboue/the lorde of myghtes moost
I put my trust/for to withstande theyr euyll
Whiche dayly wrought/by the myght of the deuyll

I sawe theyr maysters blacke and tydyous
Made by the craft of many a nacyon
For to dystroye me/with strokes peryllous
To lette my Journaye/as I make relacyon
Peryllous was the waye/and the cytuacyon
Full gladde was I of the vertu of this glasse
Whiche shewed me/what daungers I sholde passe

O all ye eſtates/of the hygh renowne
Beware theſe gynnes/beware theyꝛ ſubtylte
The deuyll is grete/❧ꝛꝛedy to caſt downe
By calculacyon/of the curſed cruelte
Of the ſubtyll beeſtes/full of inyquyte
In the olde tyme what ſnares were there ſette
By fals calkynge/to dyſtroye loꝛdes grete

Than after this to the pꝛon gynne
I wente anone my wyte foꝛ to pꝛoue
By lytell and lytell/to vndo euery pynne
Thus in and out/I dyde the chayne ofte moue
Yet coude I not come/vnto myne aboue
Tyll at the laſt/I dyde the crafte eſpy
Undoynge the pynnes/⁊ chayne full meruayloufly

Full gladde was I than/whan I had this floure
I kyſt it oft/I behelde the coloure grene
It ſwaged ryght well/myn inwarde doloure
Myn eyes confoꝛted/with the bꝛyghtnes I wene
This ryall floure/this emeraude to ſhene
Whan I had goten it by my pꝛudence
Ryght gladde I was/of foꝛtunes pꝛemynence

O foꝛtune ſayd I/thou arte ryght fauoꝛable
Foꝛ many a one/hath ben by ſymplytude
To wynne this floure/full gretely tendable
But they the ſubtylnes /myght nothynge exclude
Sythen by wyſdome/I dyde this fraude conclude
This floure/I ſette nere my harte
Foꝛ perfyte loue/of my fayꝛe ladyes darte
　　　The con. of lo.　　　　　　　　　　B.iii.

So this accomplysshed/than incontynent
To the thyrde myrour I went dyrectly
Beholdynge aboute by good auysement
Seynge an ymage madefull wonderly
Of the holy goost with flambes ardauntly
Under whiche I sawe with letters fayre and pure
In golde well grauen this meruaylous scrypture

Frome the fader and the sone my power procedynge
And of my selfe I god do ryght ofte inspyre
Dyuers creatures with spyrytuall knowynge
Inuysyble by dyuyne flambynge fyre
The eyes I entre not it is not my desyre
I am not coloured of the terrestryall grounde
Nor entre the eres for I do not sounde

Nor by the nose for I am not myrte
With ony maner of the ayry influence
Nor by the mouthe for I am not fyrte
For to be swalowed by erthly experyence
Nor yet by felynge or touchynge exystence
My power dyuyne can not be palpable
For I myselfe am no thynge manyable

Yet vysyble I may be by good apparaunce
As in the lykenesse of a doue vnto chryste Jhesu
At his baptysme I dyde it with good countenaunce
To shewe our godhed to be hygh and true
And at his transfyguracyon our power to ensue
In a fayre cloude with clere rayes radyaunt
Ouer hym that I was well apparaunt

Also truely yet at the feeft of pentycofte
To the fones moder and the apoftelles all
In tonges of fyre as god of myghtes mooft
I dyde appere shewynge my power fpyrytuall
Enflambynge theyr hertes by vertues fupernall
Whiche after that by languages well
In euery regyon coude pronounce the gofpell

And where I lyft by power dyuyne
I do enfpyre oft caufynge grete prophecy
Whiche is my fconftrued whan fome do enclyne
Thynkynge by theyr wytte to perceyue it lyghtly
Or elles calke with deuylles the trouth to fertyfy
Whiche contrary be to all true faynge
For deuylles be fubtyll and alwaye lyenge

Whan I had aduerted with my dylygence
All the fcrypture I fawe me befyde
Hange a fayre fwerde & fhelde of meruailous excellēce
Whiche to beholde I dyde than abyde
To blafe the armes I dyde well prouyde
The felde was fyluer/and in it a medowe grene
With an olyue tre full meruayloufly befene

Two lyons of afure vpon euery fyde
Couchande were truely befyde this olyue tree
A hande of ftele wherin was wryten pryde
Dyde holde this ryall fwerde in certaynte
A fcrypture there was whiche fayd by fubtylte
Of a grete lady honored yeres ago
In the hande of ftele this fwerde was clofed fo

No maner perſone/mapes' [...] be this ſwerde
But one perſone/choſen by god in dede
Of this ladyes kynred/not to be aferde
To touche this hande/his mater foz to ſpede
And to vndoit/and take it foz his mede
But yf that he/be not of the lygnage
The hande wyll ſle hym/after olde vſage

This ryall ſwerde/that called is pzepzudence
Who can it gette/it hath theſe vertues thze
Fyzſt to wynne ryght/without longe reſyſtence
Secondly encreaſeth/all trouth and amyte
Thyzdly of the beter thzough duplycyte
Be pzyuely fals/to the ozdze of chyualry
The ſwerdes croſſe wyll craſe/and ſhewe it openly

This ſhelde alſo/who ſo dooth it bere
Whiche of olde tyme/was called perceueraunce
Hath thze vertues/fyzſt he nedeth not fere
Ony grete blodeſhede/by wzonge incombzaunce
Secondly/it wolde make good apparaunce
By hete vnto hym/to gyue hym warnynge
To be redy/agayſt his enmyes comynge

The thyzde is this/yf this calenge be ryghtfull
Neuer no ſwerde/ſhall thzough his harneys perce
Noz make hym blody/with woundes rufull
For he there ſtrength/inay ryghtfully reuerce
Yet mozeouer/as I do well reherce
This ryall ſhelde/in what place it be bozne
Shall ſoone be wonne/and ſhall not be fozlozne

These thynges ſeñe/to the thyꝛde myꝛoure clere
I went anone/and in it loked ryght ofte
where in my ſyght/dyde wonderly appere
The fyꝛmament/with the ſonne all alofte
The wynde not grete / but blowynge fayꝛe and ſofte
And belyde the ſonne/I ſawe a meruaylous ſterre
with beames twayne/the whiche were caſt aferre

The one turnynge towarde the ſterre agayne
The other ſtretched ryght towarde Phebus
To beholde this ſterre/I was ſomwhat fayne
But than I muſed with herte full doloꝛous
whyder it ſygnyfyed thynges good oꝛ peryllous
Thus longe I ſtudyed/tyll at the laſt I thought
what it ſholde meane/as in my herte I ſought

This ſterre it ſygnyfyeth the reſynge of a knyght
The bowynge beame agayne ſo tournynge
Betokened rattonnes of them whiche by myght
wolde hym reſyſt by theyꝛ wꝛonge reſyſtynge
The beame towarde Phebus clerely ſhynynge
Betokened many meruaylous fyꝛes grete
On them to lyght that wolde his purpoſe lete

In the fyꝛe cleret of eucry element
God hath appered vnto many a one
Inſpyꝛynge them/with grete wytte refulgent
who lyſt to rede many dayes agone
Many one wꝛyteth trouthe/yet cōfoꝛte hath he none
wherfoꝛe I fere me/lyke a ſwarme of bees
wylde fyꝛe wyll lyght amonge a thouſande pees

As the cantycles maketh good mencyon
They haue oft expugned me/syth my yonge age
yet coude they haue me/in theyr domynyon
Though many a one/vnhappely do rage
They shall haue sorowe that shytte me in a cage
In a grete dyspyte of the holy goost
He maye them brenne/theyr calkynge is but loost

Upon my backe synners hath fabrypsed
They haue prolonged theyr grete inyquyte
From daye to daye it is not mynylshed
Wherfore for vengeaunce by grete extremyte
It cryeth aboue/now vnto the deyte
Whiche that his mynysters haue suffred so longe
To lyue in synne and euyll wayes wronge

Whan I had perceyued euery maner thynge
Of this ryall myrour/accordynge to effecte
Remembrynge the verses/of the olde saynge
Whiche in my mynde I dyde well coniecte
Than to the swerde/I thought to haue respecte
Ryght so I went/than at all auenture
Unto the hande/that helde the swerde so sure

I felte the hande/of the stell so fyne
Me thought it quaked/the fyngers gan to stretche
I thought by that/I came than of the lyne
Of the grete lady/that fyrst the swerde dyde fetche
The swerdes pomell/I began to ketche
Tyhande swerued/but yet neuer the lesse
I helde them bothe/by excellent prowes

...no at the laſt/I felte the hande departe
The ſwerde I toke/with all my beſyneſſe
So I ſubdued/all the magykes arte
And founde the ſcauberde/of meruaylous rycheſſe
After that I toke the ſhelde doune dſubtleſſe
Kyſſynge the ſwerde/and the ſhelde ofte Iwys
Thankynge god/the whiche was cauſe of this

Gladde was I than/of my ryall floure
Of my ſwerde and ſhelde/I reioyced alſo
It pacyfyed well/myn inwarde doloure
But fro my ladyes beaute / my mynde myght not go
I loued her ſurely/foꝛ I loued no mo
Thus my fayꝛe floure/and my ſwerde and ſhelde
With eyen ryght meke/full often I behelde

Than ſayd I (well)this is an happy chaunce
I truſt now ſhoꝛtly/my lady foꝛ to ſe
O foꝛtune ſayd I/ whiche bꝛought me on the daûce
Fyꝛſt to beholde her ryght excellent beaute
And ſo by chaunce/haſt hyder conueyde me
Getynge me alſo/my floure my ſhelde and ſwerde
I nought myſtruſt the/why ſholde I be aferde

O ryght fayꝛe lady/as the bꝛyght daye ſterre
Shyneth befoꝛe the ryſynge of the ſonne
Caſtynge her beames/all aboute aferre
Explynge grete wyndes/and the myſtes donne
So ryght fayꝛe lady/where as thou dooſt wonne
Thy beautefull bꝛyghtnes/thy vertue and thy grace
Dooth clere Illumyne/all thy boure and place

The gentyll herte is plonged in dystresse
Dooth walowe and tomble in somers nyght
Replete with wo/and moztall heuynesse
Tyll that auroza/with her beames bzyght
Aboute the fyzmament/castynge her pured lyght
Ageynst the rysynge/of refulgent tytan
Whan that declyneth/the fayze dame dyan

Than dooth the louer/out of this bedde aryse
With wofull mynde/beholdynge than the ayze
Alas he sayth/what nedeth to deuyse
Ony suche pastyme/here foz to repayze
Where is my confozte/where is my lady fayze
Where is my Joye/where is now all my boote
Where is she nowe/that persed my herte rote

This maye I saye/vnto my owne dere loue
My goodly lady/fayzest and moost swete
In all my bokes/fayze foztune doth moue
Foz a place of grace/where that we sholde mete
Also my bokes full pzyucly you grete
The effectes therof/dooth well dayly ensue
By meruelous thynges/to pzoue them to be true

The moze my payne/the moze my loue encreaseth
The moze my Jeopardy/the truer is my harte
The moze I suffre/the lesse the fyze releasheth
The moze I complayne the moze is my smarte
The moze I se her/the sharper is the darte
The moze I wzyte/the moze my teeres dystyll
The moze I loue/the hotter is my wyll

O moost fayre lady/yonge/good/and vertuous
I knewe full well/neuer your countenaunce
Shewed me ony token/to make me amerous
But what for that/your prudent gouernaunce
Hath enrached my herte/for to gyue attendaunce
Your excellent beaute/you coude no thynge lette
To cause my herte vpon you to be sette

My ryght fayre lady/yf at the chesse I drawe
My selfe I knowe not/as a cheke frome a mate
But god aboue the whiche sholde haue in awe
By drede truely euery true estate
He maye take vengeaunce/though he tary late
He knoweth my mynde/he knoweth my remedy
He maye reuenge me/he knoweth my Ieopardy

O thou fayre fortune/torne not fro me thy face
Remembre my sorowe/for my goodly lady
My tendre herte/she dooth full oft enbrace
And as of that it is no wonder why
For vpon her is all my desteny
Submyttynge me/vnto her gracyous wyll
Me for to saue or sodaynly to spyll

O ryght fayre lady of grene flourynge age
you can not do but as your frendes agre
your wyte is grete/you mekenes/dooth not swage
Exyle dysdayne/and be ruled by pety
The frensshe man sayth/that shall be shall be
yf that I dye/louer was neuer none
Deyed in this worlde/for a fayrer persone
          The con. of lo.   C.l.

Your beaute cauſeth all my ainyte
Why ſholde your beaute/to my dethe condyſcende
your vertue and mekenes/dyde ſo areſt me
Why ſholde ye than to dame dyſdayne intende
your prudence your goodnes/doeth mercy extende
why ſholde ye than enclyne to cruelte
your grace I truſt wyll non extremyte

A dere herte I maye complayne ryght longe
you here me not/nor ſe me not arayed
Nor cauſes my paynes for to be ſtronge
It was myn eyes/that made me fyrſt dyſmayde
With ſtroke of loue/that coude not me delaye
My ryght fayre lady/my herte is colde and faynt
Wolde now to god / that you knewe my complaynte

Thus as I mourned I herde a lady ſpeke
I loked aſyde I ſawe my lady gracyous
My herte than fared/as it ſholde breke
For perfyte Ioye whiche was ſolacyous
Before her grace/ryght ſwete and precyous
I kneled doune/ſaynge with all mekeneſſe
Pleaſe it your grace/& excellent noblenes

No dyſpleaſure to take for my beynge here
For fortune me brought/to this place ryall
Where I haue wonne this ſloure ſo vertuous & dere
This ſwerde and ſhelde/alſo not peregall
To wadre hym adventure to be tryumphall
And now by fortunes deſteny and fate
Do here my duety vnto your hygh eſtate

Jhesu sayd she than/who hadde wende to fynde
your selfe walkynge/in this place all alone
Full lytell thought I/ye were not in my mynde
What is the cause/that ye make suche mone
I thynke some thynge/be from you past and gone
But I wonder/how that ye dyde attayne
This floure/this swerde/the shelde also certayne

For by a lady in the antyquyte
They were made to a meruaylous entente
That none sholde get them/but by auctoryte
Whiche onely by fortune/sholde hyder be sent
Full many knyghtes by entendement
Hath them aduentred/to haue them in dede
But all was vayne/for they myght neuer spede

Wherfore surely/ye are moche fortunate
Them for to wynne by your aduenture
But it was no thynge to you ordynate
And you dyde well/to put your selfe in bre
To proue the Jeoperdy/whiche hath made you sure
Leue all your mournynge/for there is no wyght
Hath greter cause/for to be gladde and lyght

I behelde well her demure countenaunce
Unto her swete wordes/gyuynge good audyence
And than I marked in my remembraunce
Her pleasaunt apparayle/with all my dylygence
Whiche was full ryche of meruaylous excellence
Fyrst aloue her forheed/full properly was dressed
Under her oreilettes/her golden heere well tressed
        The con. of lo.   C.ii

About her necke whyte as ony lyly
A prety chayne of the fynest golde
Some lynkes with grene enameled truely
And some were blacke/the whiche I dyde beholde
The vaynes blewe/in her fayre necke well tolde
With her swete vysage tydynges to my herte
That sodynly my thoughtes were asterte

Her gowne was golde/of the clothe of tyssewe
With armyns poudred/and wyde sleues pendaunt
Her kyrtell grene of the fyne satyn newe
To bere her longe trayne/was well attendaunt
Gentyll dame dylygence/neuer varyaunt
Than as touchynge her noble stature
I thynke there can be/no goodlyer creature

As of her aege/so tendre and grene
Fayre/gracyous/prudent/and louynge humylyte
Her vertue shyneth/beynge bryght and shene
In her is nether pryde ne sybtylte
Her gentyll herte/enclyneth to bounte
Thus beaute/godlynesse/vertue/grace / and wytte
With bounte and mekenesse/in this lady is knytte
℟ Amour.
Thus whan my eyes hadde beholde her wele
Madame I sayd how may I now be gladde
But sygh and sorowe with herte every dele
Longe haue I loued/and lytell conforte hadde
Wherfore no wonder though that I be sadde
your tendre age/full lytell knoweth ywys
To loue vnloued/what wofull payne it is

¶ Pucell.

ughe that I be yonge/yet I haue perceuerauce
at ther is no lady/yf that she gentyll be
o ye haue with her ony acquayntaunce
And after cast/to her pour amyte
Grounded on honoure/without duplycyte
I wolde thynke in mynde/she wolde condescende
To graunt your fauoure/yf ye none yll intende

¶ Amour.

A fayre lady I haue vnto her spoken
That I loue best/and she dooth not it knowe
Though vnto her/I haue my mynde broken
Her beuaet clere/dooth my herte ouerthrowe
Whan I do se her/my herte booth sobbe I trowe
Wherfore fayre lady/all dysparate of conforte
I speke vnknowen/I must to wo resorte

¶ Pucell.

Me thynke ye speke/now vnder parable
Do ye se her here/whiche is cause of your grefe
Yf ye so dyde/than sholde I be able
As in this cause/te be to your relefe
Ryght lothe I were to se your myschefe
For ye knowe well/what case that I am yn
Peryllous it wolde be/or that ye coude me wyne

¶ Amour.

Madame sayd I/thoughe myn eyes se her not
Made dymme ni wepynde/& with grete wo togyder
Yet dooth myn herte/at this tyme I wote
Her excellent beaute/ryght inwardly concyder
Good fortune I trust/hath now brought me hyder
To se your mekenes/whiche doth her repayre
Whose swete conforte/dooth kepe me fro dyspayre

The con. of lo.   C.iii.

¶ Pucell.

Of late I sawe a boke of your makynge
Called the pastyme of pleasure / whiche is wôd͛
For I thynge and you had not ben in lou͛nge
Ye coude neuer haue made it so sentencyou͛
I redde there all your passage daungerous
Wherfore I wene for the fayre ladyes sake
That ye dyd loue / ye dyde that boke so make

¶ Amour.

Forsothe madame / I dyde compyle that boke
As the holy goost / I call vnto wytnes
But ygnorauntly / who so lyst to loke
Many meruelous thynges in it / I do expresse
My lyue and loue / to enserche well doublesse
Many a one doth wryte / I knowe not what in dede
Yet the effecte dooth folowe / the trouthe for to spede

¶ Pucell.

I graunt you well / all that whiche you saye
But tell me who it is / that ye loue so sure
I promyse you that I wyll not bewraye
Her name truely to ony creature
Pyte it is / you sholde suche wo endure
I do perceyue / she is not ryght ferre hence
Whiche that ye loue / wihtouten neclygence

¶ Amour.

Surely madame / syth it pleaseth your hyghnesse
And your honour to speke so nobly
It is your grace / that hath the intresse
In my true herte / with loue so feruently
Ryght longe ago / your beaute sodanly
Entred my mynde / and hath not syth dekayde
With feruent loue / moost wofully arayde

¶ Pucell.

And is it I/that is cause of your loue
Yf it so be I can not helpe your payne
It sholde be harde/to gete to your aboue
Me for to loue/I dyde not you consttayne
ye knowe what I am/I knowe not you certayne
I am as past your loue to specyfy
Why wyll ye loue where is no remedy

¶ Amour.

A madame you are cause of my languysshe
ye maye me helpe/yf that it to you please
To haue my purpose / my herte dooth not menyssshe
Thoughe I was seke/ye knewe not my dysease
I am not hole/your mercy maye me ease
To proue what I am/the holy goost wetke styll
My lyfe and deth/I yelde no we to your wyll

¶ Pucell.

Fortune me thynke/is meruaylous fauorable
To you by getynge/of this ryall floure
Hauynge this swerde/and shelde so profytable
In mortall daungers/to be your socoure
But as touchynge your loue and fauoure
I can not graunt/neyther fyrst ne last
ye knowe what I am/ye knowe my loue is past

¶ Amour.

Madame the floure/the swerde and shelde also
whiche fortune gate me/are not halfe so dere
As your persone the cause of my wo
whose grace and beaute/shyneth so ryght clere
That in my herte your beaute doth appere
Nothynge is past/but that fortunes pleasure
May call it agayne/in the tyme futture

¶ Pucell.

I denye not but that your dedes do shewe
By mervaylous prowes/truely your gentylnesse
To make you a carter/there were not afewe
But tho by crafte/whiche thought you to oppresse
To accombre them selfe applye the besynesse
yet thynke not you/so soone to se a cradle
I graunt you loue/whan ye were golden sadle

¶ Amour.

Madame truely/it is oft dayly sene
Many a one dooth trust/his fortune to take
from another man/to make hym blynde I wene
whiche blyndeth hym/and dooth his pompe aslake
Often some hye/do fall alowe and quake
Ryght so maye they/whiche dyde fyrst prepence
My wo and payne for all theyr yll spence

¶ Pucell.

To loue me so/whiche knoweth my persone
And my frendes eke/me thynke ye are not wyse
As now of me conforte haue ye none
wherfore this answere/maye to you suffyse
I can not do/but as my frendes deuyse
I can no thynge do/but as they accorde
They haue me promest/to a myghty lorde

¶ Amour.

Madame in this worlde ben but thynges twayne
As loue and hate/ye knowe your selfe the trouthe
yf I sholde hate you /deth I were worthy playne
Than had you cause/with me to be wrothe
To deserue dyspleasure/my herte wolde be lothe
wherfore fayre lady/I yelde at this hower
To your mekenes/my herte my loue and power

¶ Pucell.

rnynke you past all chyldy ygnozaunce
gladde, I am/yf pzudence be your guyde
race cometh often after gouernaunce
Beware of foly/beware of inwarde pzyde
Clymbe not to fast/but yet fortune abyde
For your loue I thanke you/yf trouthe haue it fyrte
As with yll thought/neuer for to be myrte

¶ Amour.

Surely my mynde/noz yet my purpose
In ony caule by foly dyde vary
Neuer doynge thynke open ne close
That to your honour sholde be contrary
As yet for grace I am content to tary
For myn enmyes fraude and subtylnes
Whiche pzyuely begyne theyz owne vnhappynesse

¶ Pucell.

Now of trouthe/I do vnto you tell
The thynge ÿ to your enmyes is moost dyspleasure
Is for to gouerne you by wysdome ryght well
That cauleth enuy in theyz hertes to endure
But be ye pacyent and ye shall be sure
Suche thynges as they ozdayne vnto your gref
Wyll lyght on them to theyz owne myschefe

¶ Amour.

Surely I thynke/I suffred well the phyppe
The nette also dydde teche me on the waye
But me to bere I trowe they lost a lyppe
For the lyfte hande extendyd my Journaye
And not to call me for my spozte and playe
Wherfoze by foly yf that they do synne
The holy goost maye well the batayle wynne

⟨ Pucell.

Yf fortune wolde/for the payne ye haue taken
I wolde graūt you loue / but it may nothynge a[?]
My loue is past/it can not be forsaken
Therfore I praye you leue your trauayle
Full lothe I were/your deth to bewayle
There is no nette/nor no tempted snare
But ye them knowe/wherfore ye maye beware

⟨ Amour.

The snares and nettes/set in sondrye maner
Doone in tyme past/made many abyrde a dawe
The tempted gynnes/were sette so cyrculer
But euermore it is an olde sayd sawe
Examples past dooth theche one to withdrawe
Frome all suche perylles/wherfore than maye I
By grace of god/beware full parfytly

⟨ Pucell.

Ye saye the trouthe/and I do not submytte
My wyll and thought to the lady Uenus
As she is goddesse/and doth true loue knytte
Ryght so to determyne/the mater betwene vs
With assent of fortune/so good gracyous
Besechynge you now for to holde you styll
For these two ladyes/maye your mynde fulfyll

⟨ Amour.

My ryght dere lady / I do therto consente
Swete are your wordes they confort my thought
Of Uenus and fortune/I abyde the Jugement
But ryght dere lady/whome I longe haue sought
Forgete me not/remembre loue dere bought
Of my herte/I wolde ye knewe the prewpte
Than as I thynke ye wolde remembre me

gat came ladyes

he our talkynge/ȝ tyme dyde surrendy.
dame/ye do well here repayꝛe
ly temple/foꝛ to take the ayꝛe
otty that sodaynly/ J truely awoke
Takynge pen and ynke to make this lytell boke

℩ Go lytell treatyse submyte the humbly
To euery lady/excusynge thy neclygence
Besechynge them/to remembꝛe truely
How thou doost purpose to do thy dylygence
To make suche bokes by true experyence
From daye to daye theyꝛ pastyme to attende
Rather to dye/than thau wolde them offende

℩ Enpꝛynted
by me Wynkyn de
woꝛde.

The

Conuercyon of swe-

Hefrutefull sentēce ⁊ the noble werkes
To our doctryne wry tē i olde ātyquyte
By many grct ⁊ ryght notable clerkes
Grouded on reason and hygh auctoryte
Dyde gyue vs example by good morallyte
To folowe the trace of trouth and ryght wysnes
Leuynge our synne and mortall wrechednes

By theyr wrytynge doth to vs appere
The famous actes of many a champyon
In the courte of fame renowned fayre and clere
And some endyted theyr entencyon
Cloked in coloure harde in constructcyon
Specyally poetes vnder cloudy fygures
Couered the trouthe of all theyr scryptures

So hystoryagraphes all the worthy dedes
Of kynges and knyghtes dyde put in wrytynge
To be in mende for theyr memoryall metes
How sholde we now haue knowledgynge
Of thynges past / but by theyr endytynge
Wherfore we ought to prayse them doubteles
That spent theyr tyme in suche good busynes,

Amonge all other my good mayster Lydgate
Thereloquent poete and monke of bury
Dyde bothe contryue and also translate
Many vertues bokes to be in memory
Touchynge the trouthe well and sentencyously
But syth that his deth was intollerable
I praye god rewarde hym in lyfe perdurable

Amonge all thynges nothynge so prouffytable
As is scyence with the sentencyous scrypture
For worldly rychesse is often transmutable
As dayly dothe appere well in vre
Yet scyens abydeth and is moost sure
After pouerte to attayne grete rychesse
Scyens is cause of promocion doubtles

I lytell or nought expert in poetrye
Remembrynge my youth so lyght and frayle
Purpose to compyle here full breuyatly
A lytell treatyse wofull to bewayle
The cruell swerers whiche do god assayle
On euery syde his swete body to tere
With terryble othes as often as they swere

But all for drede plonged in neclygence
My penne dothe quake to presume to endyte
But hope at laste to recure this scyence
Exorteth me ryght hardely to wryte
To deuoyde ydlenesse by good appetyte
For ydlenesse the grete moder of synne
Euery vyce is redy to lette ynne

I with the same ryght gretely infecte
Lykely to deye tyll grace by medecyne
Recured my sekenes my payne to abiecte
Commaundynge me by her hye power deuyne
To drawe this treatyse for to enlumyne
The reders therof by penytencyall pyte
And to pardon me of theyr benygnyte

Yght myghty prýces of euery crýsten regýõ
Iſende you gretynge moche hertly & grace
Right wel to gouern vpright your dominiõ
And all your loʒdes I grete in lyke caſe
By this my lettre your hertes to enbʒace
Beſechynge you to pʒýnte it in your mýnd e
How foʒ your ſake I toke on me mankynde

And as a lambe mooſt mekely dýde enclyne
To ſuffre the dethe foʒ your redempcyon
And ye my kynges whiche do nowe domýne
Ouer my comons in terreſtrýall mancyon
By pʒýncely pʒeemýnence and Iuredýccyon
In your regall courtes do ſuffre me be rente
And my tender body with blode all beſpʒente

Without my grace ye maye nothýnge pʒeuaýle
Though ye be kynges foʒ to mayntene your ſee
To be a kynge it may nothýnge auaýle
But yf my grace pʒeſerue his dýgnýte
Beholde your ſeruauntes how they do tere me
By cruell othes now vpon euery ſyde
Aboute the woʒlde launcýnge my woundes wýde

All the graces whiche I haue you ſhewed
Reuoule in mýnde ryght ofte ententyfly
Beholde my body with blody dʒoppes endewed
Within your realmes nowe toʒne ſo pýteouſly
Towſed and tugged with othes cruelly
Some my heed ſome mýn armes and face
Some my herte do all to rente and race

They newe agayne do hange me on the rode
They tere my sydes and are nothynge dysmayde
My woundes they open and dcuoure my blode
I god and man moost wofully arayde
To you complayne it maye not be denayde
Ye nowe do tug me / ye tere me at the roote
Yet I to you am chefe refuyte and boote

Wherfore ye kynges reygnynge in renowne
Refourme your seruauntes in your courte abused
To good example of euery maner towne
So that theyr othes whiche they longe haue bled
On payne and punyssement be holly refused
Meke as a Lambe I suffre theyr grete wronge
I maye take vengeaunce thoughe I tary longe

I do forbere I wolde haue you amende
And graunte you mercy and ye wyll it take
O my swete brederne why do ye offende
Agayne to tere me whiche deyed for your sake
Lo se my kyndenes and frome synne awake
I dyde redeme you from the deuylles chayne
And spyte of me ye wyll to hym agayne

Made I not heuen the moost gloryous mansyon
In whiche I wolde be gladde to haue you in
Now come swete bretherne to myn habytacyon
Alas good brederne with your mortall synne
Why flee ye from me / to torne agayne begynne
I wrought you I bought you ye can it not denye
Yet to the deuyll ye go nowe wyllyngly
    ✽   A.iii.

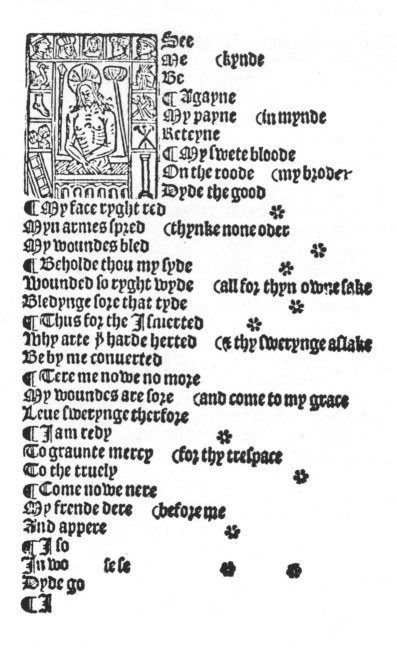

See
Me   (kynde
Be
¶ Agayne
My payne   (in mynde
Reteyne
¶ My swete bloode
On the roode   (my broder
Dyde the good

¶ My face ryght red
Myn armes spred   (thynke none oder
My woundes bled

¶ Beholde thou my syde
Wounded so ryght wyde   (all for thyn owne sake
Bledynge sore that tyde

¶ Thus for the I suerted
Why arte ŷ harde herted   (& thy swerynge aslake
Be by me converted

¶ Tere me nowe no more
My woundes are sore   (and come to my grace
Leue swerynge therfore

¶ I am redy
To graunte mercy   (for thy trespace
To the truely

¶ Come nowe nere
My frende dere   (before me
And appere

¶ I so
In wo   se se
Dyde go
¶ I

Unto me dere broder my loue and my herte
Turmente me no more with thyn othes grete
Come vnto my Joye and agayne reuerte
From the deuylles snare and his sutyl net
Beware of the worlde all aboute the set
Thy flesshe is redy by concuppyscence
To burne thy herte with cursed vyolence

Thoughe these thre enmyes do sore the assayle
Upon euery syde with daungerous iniquite
But yf thou lyst/they may nothynge preuayle
Nor yet subdue the with all theyr extrempte
To do good or yll/all is at thy lyberte
I do graunte the grace thyn enemyes to subdue
Swete broder accepte it theyr power to extue

And ye kynges and prynces of hye noblenes
With dukes and lordes of euery dygnyte
Indued with manhode wysdome and ryches
Ouer the comons hauynge the soueraynte
Correcte them whiche so do tere me
By cruell othes without repentaunce
Amende be tyme lest I take vengeaunce

Unto the man I gaue commaundement
Not to take the name of thy god vaynfully
As not to swere but at tyme conuenyent
Before a Iuge to bere recorde truely
Namynge my name with reuerence mekely
Unto the Iuge than there in presence
By my name to gyue to the good credence

A my brederne yf that I be wrothe
It is for cause ye falsly by me swere
Ye knowe yourselfe that I am very trothe
Yet wrongfully ye do me rente and tere
ye neyther loue me nor my Iustyce fere
And yf ye dyde ye wolde full gentylly
Obeye my byddynge well and perfytely

The worldly kynges hauynge the soueraynte
ye do well obey without resystence
ye dare not take theyr names in vanyte
But with grete honoure and eke reuerence
Than my name more hye of magnyfycence
ye ought more to drede whiche am kynge of all
Bothe god and man and reygne celestyall

No erthely man loueth you so well
As I do/whiche mekely dyde enclyne
For to redeme you from the fendes of hell
Takynge your kynde by my godhede dyuyne
you were the fendes I dyde make you myne
For you swete bretherne I was on the rode
Gyuynge my body my hette and my blode

Than why do ye in euery maner of place
With cruell othes tere my body and herte
My sydes and woundes it is a pyteous cace
Alas swete brederne I wolde you conuerte
For to take vengeaunce ye do me coherte
From the hous of swerers shall not be absent
The plage of Iustyce to take punysshement

Vnde. Ecclesiastici. xxiii. Vir multum iurans implebitur iniquitate. non discedet a domo eius plaga.

A man moche swerynge with grete iniquite
Shall be replete and from his mancyon
The plage of vengeaunce shall not cessed be
Wherfore ye brederne full of abusyon
Take ye good hede to this dyscrypcyon
Come nowe to me and axe forgyuenes
And be penytente and haue it douteles

Augustinus. Non potest male mori qui bene vixit et vix bene moritur qui male vixit.

Who in this worlde lyueth well and ryghtwysly
Shall deye well by ryght good knowlegynge
Who in this worlde lyueth yll and wrongfully
Shall hardly scape to haue good endynge
I do graunte mercy but no tyme enlongynge
Wherfore good brederne whyles that ye haue space
Amende your lyfe and come vnto my grace

My wordes my prelates vnto you do preche
For to conuerte you from your wretchednes
But lytell auaylleth you nowe for to teche
The worlde hathe cast you in suche blyndnes
Lyke vnto stones your hertes hathe hardnes
That my swete wordes may not reconsyle
Your hertes harde with mortall synne so vyle

Wo worthe your hertes so planted in pryde
Wo worthe your wrath and mortall enuye
Wo worthe sleuth that dothe with you abyde
Wo worthe also inmesurable glotony
Wo worthe your tedyus synne of lechery
Wo worthe you whome I gaue free wyll
Wo worthe couetyse that dothe your soules spyll

Wo worthe shorte Joye cause of payne eternall
Wo worthe you that be so peruerted
Wo worthe your pleasures in the synnes mortall
Wo worthe you for whome I sore smerted
Wo worthe you euer but ye be conuerted
Wo worthe you whose makynge I repente
Wo worthe your horryble synne so vyolent

Wo worthe you whiche do me forsake
Wo worthe you whiche wyllyngely offende
Wo worthe your swerynge whiche dothe not aslake
Wo worthe you whiche wyll nothynge amende
Wo worthe vyce that dothe on you attende
Wo worthe your grete vnkyndenes to me

Wo worthe your hertes withouten pyte

Wo worthe your falſhode and your doubleneſſe
Wo worthe alſo your corrupte Jugement
Wo worthe delpte in worldely rychſſe
Wo worthe bebate without extpnguyſhment
Wo worthe your wordes ſo moche impacyent
Wo worthe you vnto whome I dyde bote
And wo worthe you that tere me at the rote

Bleſſyd be ye that loue humylyte
Bleſſyd be ye that loue trouthe and pacyence
Bleſſyd be ye folowynge werkes of equyte
Bleſſyd be ye that loue well abſtynence
Bleſſyd be ye vyrgyns of excellence
Bleſſyd be ye whiche loue well vertue
Bleſſyd be ye whiche do the worlde eſchue

Bleſſyd be ye that heuenly Joye do loue
Bleſſyd be ye in vertuous gouernaunce
Bleſſyd be ye whiche do pleaſures reproue
Bleſſyd be ye that conſyder my greuaunce
Bleſſyd be ye whiche do take repentaunce
Bleſſyd be ye remembrynge my paſſyon
Bleſſyd be ye makynge petycyon

✱

Bleſſyd be ye folowynge my trace
Bleſſyd be ye louynge trybulacyon
Bleſſyd be ye not wyllynge to treſpace
Bleſſyd be ye of my caſtycacyon
Bleſſyd be ye of good operacyon

Bleſſyd be ye vnto me ryght kynde
Bleſſyd be you whiche haue me in your mynde

Bleſſyd be ye leuynge yll company
Bleſſyd be ye hauntynge the vertuous
Bleſſyd be ye that my name magnefy
Bleſſyd be ye techynge the vycyous
Bleſſyd be ye good and relygyous
Bleſſyd be ye in the lyfe temperall
Whiche applye yourſelfe to Joye celeſtyall

The brytyll worlde ryght often tranſmutable
Who wyll in it his lyfe and tyme well ſpende
Shall Joye attayne after ineſtymable
For in the worlde he muſt fyrſt condyſcende.
To take grete payne as his power wyll extende
Agaynſt the worlde the fleſſhe and the deuyll
By my grete grace for to withſtande theyr euyll

For who can be a gretter fole than he
That ſpendeth his tyme to hym vncertayne
For a breuyat pleaſure of worldly vanyte
Than after that to haue eternall payne
Who of the worlde delyteth and is fayne
Shall after ſorowe and cry be be
In an other worlde quante ſunt tenebre

Who is wyſer than he that wyll applye
In the worlde to take payne by due dylygence
After ſhorte payne to come to grete gloryee
Whiche is eterne mooſt hye of excellence
Where he ſhall ſe my grete magnyfyceuce

With many aungelles whiche for theyr solace
Insacyately do beholde my face

Regarde no Ioye of the erthly consystory
For lyke as Phebus dothe the snowe relente
So passeth the Ioyes of the worlde transytory
Tyme renneth fast tyll worldly lyfe be spente
Consyder this in your entendemente
Blessed be they that my worde do here
And kepe it well / for they are to me dere

Therfore good brederne your hertes enclyne
To loue and drede me that am omnipotent
Bothe god and man in Ioye celestyne
Beholde my body all to torne and rente
With your spytefull othes cruell and vyolent
I loue you ye hate me ye are to harde herted
I helpe you ye tere me lo how for you I smerted

Mercy and peace dyde make an vnyte
Bytwene you and me but trouthe & ryghtwysnesse
Do nowe complayne byddynge my godheed se
How that ye breke the lege of sothfastnesse
They tell me that by Iustyce doubtelesse
I must take vengeaunce vpon you lykerly
That by your swerynge / agayne me crucefye

For at the request of good mercy and peace
I haue forborne you longe and many a daye
Yet more and more your synnes do encreale
Wherfore my Iustyce wyll no more delaye

But take vengeaunce for all your proude araye
I warne you ofte ye are nothynge the better
But ye amende my vengenaunce shall be gretter

Am not I wounded for the suffycyent
Haue I not for the ynoughe afflyccyon
Leue more to synne by good amendement
The wounde of synne to me is more passyon
Than the wounde of my syde for thy redempcyon
Thoughe I do spare I shall you desteny
But ye amende to brenne eternally

With my blody woundes I dyde your chartre seale
Why do you tere it/why do ye breke it so
Syth it to you is the eternall heale
nd the releace of euerlastynge wo
Beholde this lettre with the prynte also
Of myn owne seale by perfyte portrature
Prynte it in mynde andye shall helthe recure

And ye kynges and lordes of renowne
Exorte your seruauntes theyr swerynge to ceale
Come vnto me and cast your synne adowne
And I my vengeaunce shall truely releace
With grace and plente/I shall you encrace

And brynge you whiche reuolue inwardly
This is my complaynte to eternall glory.

A M E N.

¶The Auctour as foloweth.

¶Go lytell treatyse deuoyde of eloquence
Tremblynge for dreade to approche the maieste
Of our souereynge lord surmountynge in excellence
Put under the wynge of his benygnyte
Submyttynge the to his mercyfull pytie.
And beseche hys grace to pardon thy rudnesse
Whych of late was made to eschewe ydlenesse.

¶Thus endeth the conuersyon of swerers, made
and compyled by Stephen Hawys, groome of the
chambre of our souerigne lorde Kyng Henry the
seuenth. Enprynted at London, in Fleteſtrete, at
the ſygne of the Sonne, by Wynken de Worde,
Prynter vnto the mooſt excellent prynſes, my lady
the kynges graundame, the yere of our Lord a
M CCCC IX. the firſt yere of the reigne of our
souerayne lord kyng Henry the VIII.

¶A Joyfull medytacyon to all Englonde
of the coronacyon of our moost naturall soue
rayne lozde kynge Henry the eyght.

¶The prologue

He prudent problems / ⁊ the noble werkes
Of the gentyll poetes in olde antyquyte
Unto this day hath made famous clerkes
For the poetes wrote nothynge in vanyte
But grounded them on good moralyte
Encensynge out the fayre dulcet fume
Our langage rude to expyle and consume

The ryght eloquent poete and monke of bery
Made many fayre bookes / as it is probable
From ydle derkenes / to lyght our emyspery
Whose vertuous pastyme / was moche comendable
Presentynge his bookes / gretely proussytable

To your wozthy predeceſſour the.b. kynge Henry
Whiche regyſtred is in the courte of memozy

Imyddes the medowe of floza the quene
Of the goddes elycon/is the ſpzynge oz well
And by it groweth/a fayze laurell grene
Of whiche the poetes do ofte wzyte and tell
Beſyde this olyue/J dyde neuer dwell
To taſt the water whiche is aromatyke
Foz to cauſe me wzyte with luſty rethozyke

Wherfoze good ſouerayne/J beſeche your hyghnes
To pazdon me whiche do rudely endyte
As in this arte hauynge ſmall intres
But foz to lerne is all myn appetyte
Jn folowynge the monke whiche dyde nobly wzyte
Beſechynge your hyghnes and grace debonayze
Foz to accepte this rude and lytell quayze
                    ⦿Explicit pzologus.
              God alone in heuen werynge crowne
              Jn whoſe inſpecte is euery regall ſe
              Both to enhaũce ⁊ foz to caſt adowne
              Suche is ẏ power of thy hygh magiſte
              Neyther hardynes treaſour noz dygnyte
May withſtande thy ſtrength whiche is i euery place
So grete and myghty is thy dyuyne grace

Two tytles in one thou dydeſt well vnyfye
Whan the rede roſe toke the whyte in maryage
Reygnynge togyder ryght hygh and noblye
From whoſe vnyd tytyls and wozthy lygnage
Deſcended is by ryght excellent courage
Kynge Henry the.viii.foz to reygne doutles
Vnyuerſall his fame honour and larges

Whiche hathe ſpoutſyd a fayze floure of vertue
Deſcended of kynges name katheryn of Spayne

By grace and prudens the peace to attayne
Wherfore Englonde thou nedes not complayne
Syth thou hast crowned openly in syght
This kynge and quene by good true loue and ryght

What sholde I shewe by perambulacyon
All this grete tryumphe of whiche reporte
Is made aboute nowe in euery nacyon
Unto all this realme to be Ioy and comforte
Wherfore you lordes I humbly you exhorte
Spyrytuall and temporall with the comyns vnyfyde
To gyue god the prayle whiche dothe grace prouyde

Englonde be gladde/the dewe of grace is spred
The dewe of Ioy/the dewe holsome and soote
Dystylled is nowe from the rose so red
And of the whyte so spryngynge from the roote
After our trouble to be refute and boote
This ryall tree was planted as I knowe
By god aboue the rancour to downe throwe

Who is the floure that dothe this grace dystyll
But onely Henry the viii. kynge of his name
With golden droppes all Englonde to fulfyll
To shewe his larges his honour and his fame
His dedes therto exemplefye the same
Wherfore nowe Englonde with hole deuocyon
For this yonge kynge make dayly orayson

Our late souerayne his fader excellent
I knowe ryght well some holde oppynyon
That to auaryce he had entendement
Gadrynge grete rychesse of this his regyon
But they lytell knowe by theyr small reason
For what hye entente he gadered doutles
Unto his grace suche innumerable ryches

For I thynke well and god had sente hym lyfe

As they haue meruaylled moche of this gadꝛynge
So it to them sholde haue ben affyꝛmatyfe
To haue had grete wonder of his spendynge
It may foꝛtune he thoughtto haue mouynge
Of moꝛtall warre our fayth to stablyſſhe
Agaynſt the turkes theyr power to mynyſſhe

But syth that dethe by his courſe naturall
Hathe hym areſted/and wolde not delay
Lyke wyſe as he was ſo be we moꝛtall
How/where/oꝛ whan I cam nothynge ſay
Therfoꝛe to god aboue let vs all pꝛay
Foꝛ to graunt hym mercy whiche was our kynge
Bꝛyngynge his ſoule to Joy euerlaſtinge

A fayꝛe Englonde myſtruſte the ryght nought
Regarde ryght well/his ſonnes Juſtyce
Se how that they whyche inuencyons ſought
Delytynge them in the ſynne of auaryce
To oppꝛeſſe the comyns by grete pꝛeiudyce
Dothe he not punyſſhe them accoꝛdynge to lawe

ſaturne Suche newe pꝛomocyons to vampne and withdꝛawe

Fy on the ſaturne with thy myſty fume
Replete with fraude treaſon and wyckednes
To ſhewe thy beames thou dareſt not pꝛeſume
So curſed thou arte withouten ſtablenes
Deuoyde of grace fulfylled with doblenes
Thy power to Englonde was neuer amyable

ſupyter. But alwayes euyll vntrue and varyable

Now gentyll Jupyter the lodeſterre of lyght
Thy ſtedfaſt beames ſo fayꝛe and ſo clere
Caſt now abꝛede that we may haue a ſyght
To gladde vs all whan that they do appere
Sendynge downe trouthe from thy fulgent ſpere
Foꝛ to make our hertes mekely to enclyne

To serue our souerayue whiche doth nowe domyne

O myghty Mars o god of the warre
O flambynge honour of euery hardy herte
Sende downe thy power truely from so ferre
Us to encourage that we do not sterte
But by hardynes that we maye subuerte
Our soueraynes enemyes to hym contraryous
By bataylles fyerse ryghtfull and rygorous

Mars

And thou fayre bryght/and aureate phebus
Encreace now lyght with loue aud honoure
Amonge the lordes so gay and gloryus
With thy radyant beames so hye of fauoure
Deuoydynge all trechery debate and rancoure
And yllumyne the mynde with lyberalyte
Of our good souerayne with welth and vnyte

Phebus

And lady Uenus with thy sone Cupyde
Of euery lorde do nowe the herte enspyre
With feruent loue that he do not slyde
And of the comyns set the hertes on fyre
To loue our souerayne with theyr hole desyre
Folowynge his grace with dulcet armonye
To the ryghtfull waye withouten Jeoperdye

Uenus.

Also thou Mercury the god of eloquence
The gentyll sterre of grace and vertue
Thy beames of ryght peace and conscyence
On our kynges counsayll downe sende and renue
The trouthe of Justyce/that they may extue
For to do wronge by the synne of couetyce
That here before hathe done grete preiudyce

Mercur

And thou watery dyane of the se the goddes
With thy broder eolus the god of the wynde
Encourage the hertes by in warde hardynes

Luna.

And ennyes ryſe that they be not behynde
Them foz to chace and the ſe to ſcoure
By grace and foztune in many a ſtozmy ſtoure

O god aboue/trononyſed in heuen
In whoſe wyll reſteth euery thynge alone
The ſkye/the erthe/with all the planettes ſeuen
Without whoſe grace/comfozte haue we none
As thou arte thze encluſyd in one
So ſaue our ſouerayne/from all maner wo
And this his realme from moztall warre alſo

Holy chirche reioyſe/with all your lybertees
Withouten dōmage/the kynge wyll ye encreace
And be your ſhelde from all aduerſytees
No wzonge ſhall be but he wyll it ſoone ſeace
Knyttynge the knotte of fayth loue and peace
Bytwene you and hym without dyſturbaunce
So foz to endure by longe contynuaunce

Ryght myghty pzynce our good ſouerayne lozde
To god enclynynge be hardy and gladde
Of you and your realme he wyll ſe concozde
Though other nacyons be therfoze full ſadde
Agaynſt you murmurynge with theyr werkes badde
Yet dzede ye nothynge foz god with his myght
Wyll be alwaye redy to defende the ryght

Ryght noble/wyſe/and excellent pzynceſſe
Ryght benygne lady/lyberall and bertuous
Dyſcended lynyally of the lyne of nobleneſſe
Fayze quene Katheryne ſo ſwete and pzecyous
To our ſouerayne eſpouſed with Joy ſolacyous
Almyghty god gyue grace to multyplye
From you your floures to reygne ryght ryally

And lady Mary pzynces ryght beauteuous
Endued with honour/bertue/and prudence

Ryght meke/goodly/gentyll and gracyous
Syster ryght dere vnto the excellence
Of our goodsouerayne/surmountynge in sappence
Ryght fayre yonge lady/the grete lorde aboue
He graunte you grace/hygh fame/fortune/and loue

And all you lordes and ladyes honourable
And you noble knyghtes so hauntynge chyualry
Vnto our souerayne be meke and tendable
Whiche wyll rewarde you well and nobly
As to shewe his largesse vnyuersally
Encouragynge your hertes ꝑ courage chyualrous
In tyme of batayll for to be vyctoryous

And all ye offycers of euery degree
Beware extorcyon/for and it be knowen
No doute it is but ye shall punysshed be
Take hede of them/the whiche be ouerthrowen
Remembre well how fortune hathe blowen
The promoters downe/ and castynge them full lowe
In folowynge them ye shall fall as I trowe

Englonde be true and loue well eche other
Obey your souerayne/and god omnypotent
Whiche is aboue/of all the worlde the rother
Wyll sende you welth/from whome all good is sente
He gyue vs grace to kepe his comaundement
And saue our souerayne/with his semely quene
With all theyr bloode/without trouble and tene
℞ Amen.

℞ Excusacio auctoris

℞ Go lytell treatyse submyt the humbly
To our souerayne lorde/to be in his presence
Besechynge his grace to accepte the mekely
And to pardon thy rudenes and neclygence

To compyle thofe maters whiche fholde pleafure be
Unto his hyghnes and regall maiefte

Now ye fayre ladyes / wyfe and vertuous
I ryght humbly praye you for to condyfcende
To accepte my makynge nothynge facundious
I wolde that fortune wolde connynge extende
That myn endytynge I myght than amende
To dyrecte my maters after your plea faunce
Whiche yet replete am with all ygnoraunce

        A   M   E   N

¶ Thus endeth this Joyfull medytacyon made & compyled by Stephen hawes fomtyme grome of y̆ chambre of our late foucrayne lorde kynge Henry y̆ feuenth
¶ Enprynted at London in y̆ fletestrete at y̆ fygne of
the fonne by wynkyn de worde

·de·

Wynkyn   worde·